Orçamento e controle

ECONOMIA E FINANÇAS

Orçamento e controle

Fabiano Simões Coelho
Ronaldo Miranda Pontes

Copyright © 2018 Fabiano Simões Coelho; Ronaldo Miranda Pontes

Direitos desta edição reservados à
EDITORA FGV
Rua Jornalista Orlando Dantas, 37
22231-010 | Rio de Janeiro, RJ | Brasil
Tels.: 0800-021-7777 | 21-3799-4427
Fax: 21-3799-4430
editora@fgv.br | pedidoseditora@fgv.br
www.fgv.br/editora

Impresso no Brasil / *Printed in Brazil*

Todos os direitos reservados. A reprodução não autorizada desta publicação, no todo ou em parte, constitui violação do copyright (Lei nº 9.610/98).

Os conceitos emitidos neste livro são de inteira responsabilidade dos autores.

1ª edição – 2018; 1ª reimpressão – 2019.

PREPARAÇÃO DE ORIGINAIS: Sandra Frank
EDITORAÇÃO ELETRÔNICA: Abreu's System
REVISÃO: Aleidis Beltran | Fatima Caroni
CAPA: aspecto:design

Ficha catalográfica elaborada pela
Biblioteca Mario Henrique Simonsen/FGV

Coelho, Fabiano Simões
    Orçamento e controle / Fabiano Simões Coelho, Ronaldo Miranda Pontes. – Rio de Janeiro : FGV Editora, 2018.
    180 p. – (Economia e finanças (FGV Management))

    Inclui bibliografia.
    ISBN: 978-85-225-1982-8

    1. Orçamento. 2. Orçamento nas empresas. 3. Orçamento – controle. 4. Controle de custo. I. Pontes, Ronaldo Miranda. II. Fundação Getulio Vargas. III. FGV Management. IV. Série.

                                                    CDD – 658.154

Aos nossos alunos e aos nossos colegas docentes, que nos levam a pensar e repensar nossas práticas.

Sumário

Apresentação	9
Introdução	13
1 | Orçamento empresarial	15
A importância do planejamento empresarial	15
Conceitos fundamentais	19
Vantagens do orçamento	24
Obstáculos e limitações do orçamento	25
Métodos de orçamento	26
Estrutura básica do orçamento	32
2 | O planejamento orçamentário	39
Requisitos orçamentários	39
Definição dos envolvidos no processo orçamentário	43
Sistemas de elaboração e controle orçamentário	46
3 | Orçamento da receita	61
Precisão do orçamento da receita	62
Projeção da receita	65
Orçando outros tipos de receitas	76

4 | Orçamento dos gastos	77
Limites do orçamento dos gastos	77
Métodos de custeio no processo orçamentário	79
Orçamento dos gastos variáveis	81
Orçamento dos gastos variáveis: força de trabalho direta	96
Orçamento dos gastos dos centros de custos	98
5 | Orçamento de investimentos e financiamentos e orçamento de caixa	117
Orçamento de investimentos e financiamentos	117
Orçamento de caixa	119
6 | O controle orçamentário	133
A função do controle orçamentário	133
Controle gerencial	136
Centros de responsabilidades	137
Avaliação de desempenho	141
Avaliação de desempenho: orçamento estático e orçamento flexível	144
Gerenciamento matricial dos gastos	161
Conclusão	165
Referências	167
Apêndice. Exemplo de orçamento – empresa comercial	169
Orçamento da receita e dos recebimentos	172
Orçamento dos impostos sobre receita	173
Orçamento dos custos das mercadorias vendidas, compras e pagamentos	173
Orçamento das despesas e seus pagamentos	174
Orçamento das aplicações financeiras e empréstimos	176
Autores	179

Apresentação

Este livro compõe as Publicações FGV Management, programa de educação continuada da Fundação Getulio Vargas (FGV).

A FGV é uma instituição de direito privado, com mais de meio século de existência, gerando conhecimento por meio da pesquisa, transmitindo informações e formando habilidades por meio da educação, prestando assistência técnica às organizações e contribuindo para um Brasil sustentável e competitivo no cenário internacional.

A estrutura acadêmica da FGV é composta por nove escolas e institutos, a saber: Escola Brasileira de Administração Pública e de Empresas (Ebape), dirigida pelo professor Flavio Carvalho de Vasconcelos; Escola de Administração de Empresas de São Paulo (Eaesp), dirigida pelo professor Luiz Artur Ledur Brito; Escola de Pós-Graduação em Economia (EPGE), dirigida pelo professor Rubens Penha Cysne; Centro de Pesquisa e Documentação de História Contemporânea do Brasil (Cpdoc), dirigido pelo professor Celso Castro; Escola de Direito de São Paulo (Direito GV), dirigida pelo professor Oscar Vilhena Vieira; Escola de Direito do Rio de Janeiro (Direito Rio), dirigida pelo professor Sérgio Guerra; Escola de Economia de São Paulo (Eesp), dirigida pelo professor Yoshiaki Nakano; Instituto Brasileiro de Economia (Ibre), dirigido pelo professor Luiz Guilherme Schymura de Oliveira; e Escola de Matemática Aplicada (Emap), dirigida pela professora Maria Izabel Tavares Gramacho. São diversas unidades com a marca FGV, trabalhando com a mesma filosofia: gerar e disseminar o conhecimento pelo país.

Dentro de suas áreas específicas de conhecimento, cada escola é responsável pela criação e elaboração dos cursos oferecidos pelo Instituto de Desenvolvimento Educacional (IDE), criado em 2003, com o objetivo de coordenar e gerenciar uma rede de distribuição única para os produtos e serviços educacionais produzidos pela FGV, por meio de suas escolas. Dirigido pelo professor Rubens Mario Alberto Wachholz, o IDE conta com a Direção de Gestão Acadêmica (DGA), pelo professor Gerson Lachtermacher, com a Direção da Rede Management pelo professor Silvio Roberto Badenes de Gouvea, com a Direção dos Cursos Corporativos pelo professor Luiz Ernesto Migliora, com a Direção dos Núcleos MGM Brasília, Rio de Janeiro e São Paulo pelo professor Paulo Mattos de Lemos, com a Direção das Soluções Educacionais pela professora Mary Kimiko Magalhães Guimarães Murashima. O IDE engloba o programa FGV Management e sua rede conveniada, distribuída em todo o país e, por meio de seus programas, desenvolve soluções em educação presencial e a distância e em treinamento corporativo customizado, prestando apoio efetivo à rede FGV, de acordo com os padrões de excelência da instituição.

Este livro representa mais um esforço da FGV em socializar seu aprendizado e suas conquistas. Ele é escrito por professores do FGV Management, profissionais de reconhecida competência acadêmica e prática, o que torna possível atender às demandas do mercado, tendo como suporte sólida fundamentação teórica.

A FGV espera, com mais essa iniciativa, oferecer a estudantes, gestores, técnicos e a todos aqueles que têm internalizado o conceito de educação continuada, tão relevante na era do conhecimento na qual se vive, insumos que, agregados às suas

APRESENTAÇÃO

práticas, possam contribuir para sua especialização, atualização e aperfeiçoamento.

Rubens Mario Alberto Wachholz
Diretor do Instituto de Desenvolvimento Educacional

Sylvia Constant Vergara
Coordenadora das Publicações FGV Management

Introdução

Orçamento empresarial é uma ferramenta financeira valiosa para todas as organizações de qualquer área e tamanho. Sua aplicação motiva os departamentos para que os objetivos estratégicos sejam alcançados, define as responsabilidades de todos os envolvidos dentro da hierarquia empresarial, permite que se faça avaliação do desempenho, maximiza a assertividade decisória, provê o gestor de informações projetadas que permitem antecipar possíveis problemas e promove melhoria considerável do resultado por conta do aumento do controle e de constantes revisões dos gastos existentes.

Frente a isso, o objetivo deste livro é fornecer ao leitor informações sobre essa poderosa ferramenta evidenciando os fundamentos, requisitos, técnicas e métodos, a fim de que possa ser implantada para planejar e controlar atividades.

O livro está estruturado em seis capítulos e um apêndice. O primeiro capítulo mostra os objetivos do orçamento e sua interação com os outros processos da área de planejamento.

O segundo capítulo apresenta os requisitos orçamentários para que se possa elaborar o orçamento.

O terceiro capítulo evidencia as diversas ferramentas para que se possa fazer o orçamento das receitas.

O capítulo 4 evidencia as diversas maneiras de fazer o levantamento dos gastos de uma empresa, sejam gastos variáveis, gastos fixos e gastos departamentais.

O capítulo 5 demonstra a importância do orçamento de caixa, de investimentos e de financiamento.

O sexto capítulo expõe o uso de ferramentas de controle para que se possa fazer análise do desempenho e acompanhamento orçamentário. Variações ocorridas na comparação entre o orçado e o real serão analisadas segregando-se suas causas.

Ao final, apresenta-se a conclusão.

No apêndice, é apresentado um exemplo de um orçamento de uma empresa comercial para ilustrar de forma prática a interação entre as diversas peças orçamentárias.

1
Orçamento empresarial

Este capítulo visa apresentar a importância, os conceitos fundamentais do orçamento empresarial e descrever de forma sucinta os orçamentos que compõem o processo orçamentário: o orçamento operacional, o orçamento de projetos e o orçamento financeiro, o qual tem como seus principais relatórios o balanço patrimonial, a demonstração de resultado do exercício e a demonstração do fluxo de caixa. O objetivo desses itens é introduzir o leitor no orçamento e subsidiá-lo na elaboração junto às organizações.

A importância do planejamento empresarial

Podemos dizer que o planejamento não representa uma tomada de decisão futura. O planejamento empresarial aponta os resultados que poderão ser obtidos no futuro pelas tomadas de decisões no tempo presente. Ou seja, um dos problemas que enfrentam os executivos na tomada de decisões não é o que a empresa vai fazer futuramente, mas sim o que deve fazer hoje a fim de se preparar para as incertezas do futuro.

No momento em que estamos fazendo um plano, olhamos para o futuro e tentamos antecipar, hoje, ações que executaremos ao longo do tempo, de forma a atingir determinados objetivos, sendo que estes não garantem sucesso nem a eliminação de riscos, mas permitem maior assertividade decisória.

Por exemplo, frente às informações macroeconômicas de 2015 e às previsões para 2016, já era sabido que o ano de 2016 seria bastante turbulento. Neste sentido, para o orçamento de 2016, as empresas poderiam fazer ajustes pertinentes. Exemplo: se houvesse uma previsão de queda de receita, parte dos investimentos poderia ser postergada, permitindo que ocorresse sobra de caixa relevante para manter capacidade de pagamento mesmo com a queda da receita.

O planejamento empresarial é um processo que consiste, entre outras atividades, na análise sistemática dos pontos fortes e fracos da empresa e das oportunidades e ameaças do ambiente externo. Essa análise leva a estabelecer objetivos, estratégias e ações que possibilitam um aumento no êxito empresarial. O processo de planejamento empresarial é bastante amplo, dividindo-se em planejamento estratégico, tático e operacional. No planejamento estratégico, são criados fundamentos da empresa, como missão, valores, visão, entre outros. Também é nesse nível que são traçados os objetivos estratégicos da organização para curto, médio e longo prazos. No planejamento tático, há o desdobramento das estratégias em metas, criando condições para que as mesmas sejam realizadas, e há o alinhamento para que pessoas, processos e recursos estejam direcionados a um mesmo objetivo. No nível do planejamento operacional, estão as pessoas que executam as ações e metas traçadas pelo nível tático para atingir os objetivos das decisões estratégicas. Os funcionários desse nível são os técnicos e operadores, entre outros que executam as operações para que as estratégias traçadas e os objetivos sejam alcançados de forma eficaz e eficiente. A eficácia está correlacionada a objetivos gerenciais, referindo-se a fazer as coisas certas, e a eficiência está correlacionada a objetivos operacionais em fazer certo as coisas. Por exemplo: realizar as operações com menos recursos.

ORÇAMENTO EMPRESARIAL

Observa-se que os três níveis fazem parte do planejamento empresarial e são igualmente importantes, contando com seus objetivos e agentes envolvidos e atuantes para que a organização alcance os resultados pretendidos. Para entendermos melhor todo o processo do planejamento empresarial e onde o orçamento e o controle orçamentário se inserem, vamos observar a figura 1.

Figura 1
Planejamento empresarial

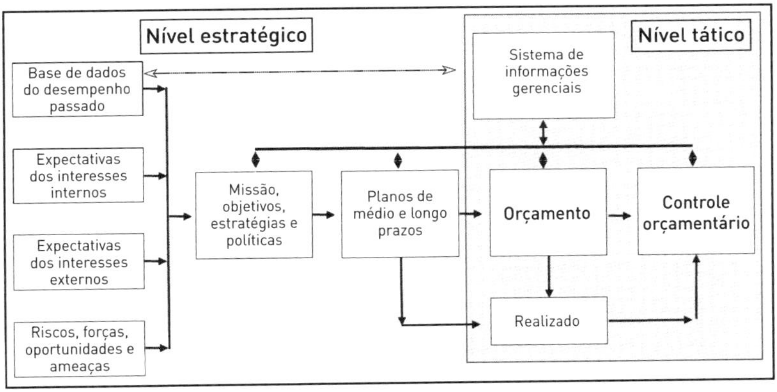

Fonte: adaptado de Steiner (1997).

A figura 1 apresenta o relacionamento entre os vários elementos que compõem o processo de planejamento das organizações. O primeiro elemento é a base de dados da organização, que apresenta o desempenho do passado. Ela representa uma das bases para o desenvolvimento do processo de planejamento. As expectativas dos interesses externos (de acionistas, clientes, comunidade, governo etc.) e internos (executivos, funcionários etc.) às vezes são conflitantes e precisam ser consideradas na busca dos objetivos da organização. A visão de longo prazo da organização precede as ações e planos de curto prazo. Assim, a missão, visão, objetivos de longo prazo, estratégias e políticas devem ser definidos e revisados para permitir coerência de atitudes e consistência ao longo do tempo do planejamento.

Definida a visão estratégica do negócio, e objetivos de médio e longo prazos, é possível elaborar o orçamento para um ou mais exercícios da organização. O orçamento é o instrumento que implementa as decisões do plano estratégico dentro de um horizonte temporal. Por exemplo, determinada empresa pode ter como objetivo ganhar 10% de *market share* e, ao mesmo tempo, fazer com que a rentabilidade seja 25% a.a.

Após os objetivos e metas de médio e longo prazos serem definidos, a empresa deve fixar metas de curto prazo, sendo estabelecidas as políticas e ações dos diversos departamentos. Exemplo:

- Departamento de vendas: como o objetivo é ganhar *market share*, o preço médio será reduzido em 8%.
- Departamento de marketing: campanha de marketing será realizada em janeiro e março, como forma para incentivar o aumento das vendas.
- Departamento de compras: como forma de atingir a meta de rentabilidade, deve-se buscar matéria-prima que mantenha padrão de qualidade atual, mas seja menos onerosa.
- Departamento de produção: para elevar a rentabilidade e *market share*, o volume de produção deve ser elevado em 20% – há necessidade de contratação de mais funcionários e investimento em novo maquinário.

Repare, leitor, o quanto o orçamento é importante para coordenar, balancear os departamentos, visando a um objetivo maior. A comunicação entre os departamentos é fundamental para integrar as decisões. O impacto da decisão de um deles influenciará o outro.

Após a elaboração, análise, aprovação e divulgação do orçamento, chega o momento de se fazer o acompanhamento ou controle orçamentário. O controle orçamentário é a forma de monitorar o plano estratégico da organização dentro do período correspondente ao orçamento. Essa etapa se destina à correção de desvios e retroalimenta o processo de planejamento.

Os instrumentos necessários para um planejamento empresarial são: planejamento estratégico, orçamento anual e controle orçamentário. Neste livro, nosso objetivo principal é apresentar o orçamento empresarial em todos os seus aspectos e como exercer o controle.

Conceitos fundamentais

Orçamento

Orçamento é a expressão quantitativa formal de um plano estratégico, sendo o processo orçamentário uma demonstração, em números, do nível pretendido das atividades de uma empresa alinhando-as com os objetivos de curto prazo.

Para Sanvicente e Santos (2012), fazer orçamento é planejar com antecedência as ações a serem executadas, estimar os recursos a serem empregados e definir as correspondentes atribuições de responsabilidades em relação a um período futuro determinado, para que sejam alcançados satisfatoriamente os objetivos fixados pelo plano estratégico para uma empresa e suas diversas unidades.

Assim, o orçamento resume os objetivos de todas as unidades de uma empresa, pois quantifica metas de vendas, de produção, de geração de caixa e qualquer outro objetivo desejado pela alta gerência. É o instrumento capaz de comunicar e orientar as atividades empresariais na busca de um objetivo maior, motivando os envolvidos no processo orçamentário a encontrar possíveis desvios e as soluções para que as metas sejam atingidas.

O orçamento não deve ser entendido como exercício de utilizar os dados passados para projetar o futuro, pois passaria a ter apenas visão incremental e inflacionária. Configura-se, sim, como a técnica de alocação eficiente dos recursos e poderoso instrumento que auxilia os gestores no processo decisório. Por exemplo, o orçamento não visa projetar quanto você gastará no período orçado e sim quanto você deverá gastar frente ao que o gestor projeta como cenário. Nesse sentido, existem três decisões básicas:

- *Decisão de financiamento.* Como a empresa captará recursos.
- *Decisão de investimento.* Como a empresa aplicará tais recursos.
- *Decisão operacional.* Como a empresa usará tais recursos para gerar benefícios futuros.

Ao se realizar o orçamento, em cada uma dessas decisões, o gestor alocará de maneira eficiente seus recursos. A seguir, exemplos para as três decisões aqui mencionadas:

- *Decisão de financiamento.* Pode ser que a fonte de financiamento A seja mais barata do que a B, mas como a fonte A é atrelada ao dólar e a perspectiva do gestor é que o dólar se valorize, então ele usará a fonte B. Repare, leitor: pode ser que, na prática, o dólar não tenha a valorização esperada, mas, naquele momento, em face dos riscos existentes, a decisão foi acertada.
- *Decisão de investimento.* Em 1996, o Banco Central, por meio da Resolução nº 2.283, reduziu o montante obrigatório que os bancos deveriam ter de ativos permanentes (atualmente,

pela Lei nº 11.638/2008, essa definição de ativos permanentes não existe mais, sendo considerados ativos não circulantes) de 60% para 50% do patrimônio líquido ajustado dos bancos. Imediatamente, muitos bancos venderam suas agências em leilões, pois perceberam que, com os recursos provenientes da venda dos imobilizados, obteriam mais retorno aplicando esse disponível em sua operação (realizando empréstimos, por exemplo).

- *Decisão operacional.* Para determinado período, os gestores de um hotel podem chegar à conclusão de que, pela alta variabilidade da receita, não é recomendável ter uma equipe de limpeza própria. Seria mais interessante contratar empresa terceirizada porque, nos períodos de baixa, a empresa teria menos gastos fixos.

Perceba, leitor, que o orçamento não irá prover o gestor de dados precisos. Muitos enxergam o orçamento como uma ferramenta em que se busca a exatidão. E muitos ficam desestimulados, alegando que a subjetividade do orçamento não o torna uma ferramenta prática.

Entretanto, um orçamento existe para traçar um caminho a ser seguido. Em seu livro *Powershift: as mudanças do poder*, Alvin Toffler (2003:37) diz: "Apesar de tudo, à medida que avançamos para a terra desconhecida do amanhã, é melhor ter um mapa geral e incompleto, sujeito a revisões, do que não ter mapa nenhum".

A palavra orçamento é usada para descrever o plano global de operações de uma organização, em um horizonte temporal, em termos quantitativos, em unidades físicas de volume das operações e em unidades monetárias para a avaliação do desempenho financeiro.

Por importante, destacamos, a seguir, as duas abordagens do orçamento.

ORÇAMENTO E CONTROLE

Orçamento de investimento e outros projetos especiais

Abrange períodos variáveis, pois cada projeto possui uma dimensão de tempo própria, como construção e ampliação de instalações físicas, abandono de linhas de produtos ou mercados, campanhas de novos produtos ou serviços, treinamentos para a aplicação de novas tecnologias, reengenharia de processos, transferência das atividades para novo local, projetos de pesquisa, gastos pré-operacionais, troca de equipamentos, entre outros. Note, leitor, que não se trata somente de orçamentos de capital ou de investimento que serão registrados em função de sua vida útil e retornos esperados, mas outros projetos especiais que contabilmente serão lançados como gastos do período. Esse conceito é mais amplo e abrange tanto os projetos de capital e investimento quanto todos os outros projetos especiais da empresa que terão gerenciamento e orçamento próprios e se transformarão em gastos do período. Esses orçamentos devem ser apresentados e analisados pela administração, levando em consideração o estudo de viabilidade econômica, bem como o melhor momento de implementá-los.

Projetos devem ser planejados para todo o período de sua execução ou duração, também conhecido como ciclo de vida do projeto, e devem ser considerados empreendimentos especiais, embora devam necessariamente ser integrados às demais atividades e operações da empresa para estabelecer o orçamento global. Para melhor entendimento podemos definir projetos como *esforço temporário empreendido para criar um produto, serviço ou resultado único e exclusivo*. O ciclo de vida do projeto compreende o tempo decorrido desde sua iniciação, planejamento, execução, monitoramento/controle e encerramento. Para uma gestão eficiente de projetos, as grandes e médias empresas adotam, por exemplo, o *Project Management Body of Knowledge* (PMBOK), que é um guia que divulga o conjunto de melhores práticas na gestão de projetos baseado no conhecimento dos profissionais da área.

Orçamentos operacionais

Abrangem o planejamento periódico, normalmente anual, apresentando a alocação de recursos financeiros necessários para atender a um determinado nível de atividades. Possibilitam a análise dos resultados e dos desempenhos planejados nesse período. Observe-se que os orçamentos periódicos são representados por um intervalo de tempo no qual todos os projetos e operações em andamento estão mensurados, retratados e contemplados.

Após a apresentação dos conceitos gerais da função do orçamento no planejamento empresarial, não podemos deixar de dizer que, para atingir os objetivos mensurados no plano orçamentário, é fundamental utilizá-lo como instrumento de controle.

Controle orçamentário

Exercer o controle sobre o orçamento é, essencialmente, acompanhar a execução das atividades da maneira mais rápida possível, comparando o desempenho efetivo com o planejado, desejado ou viável para a empresa e seus departamentos ou subunidades. O controle não é o simples acompanhamento; envolve a geração de informações que servirão para a tomada de decisões e eventual correção do desempenho alcançado.

O orçamento não alcançará seus objetivos se, durante a execução, o acompanhamento não verificar se as responsabilidades, objetivos e metas estão sendo apropriadamente cumpridos. Assim, os orçamentos anuais devem ter um acompanhamento que pode ser quinzenal, mensal, trimestral e semestral ao nível das operações e atividades representado em relatórios de controle orçamentário.

É importante destacar que devemos estruturar o planejamento e controle orçamentário de acordo com os centros de responsabilidade identificáveis na organização. A utilidade do controle somente se tornará realidade à medida que o acompanhamento apontar claramente as pessoas responsáveis por um ou outro tipo de desempenho específico ou de decisão.

O controle apoia-se num sistema de informações, cujos produtos são os relatórios que fornecem indicações oportunas e rápidas para a tomada das medidas corretivas cabíveis. No capítulo 6 serão apresentados os tipos de controles e de relatórios.

Vantagens do orçamento

Existem muitas vantagens na adoção de um planejamento orçamentário para as empresas. Destaca-se o estabelecimento de metas claras a serem atingidas, baseadas nos planos estratégicos e objetivos de longo prazo estabelecidos para toda a empresa e para cada centro de responsabilidades ou departamento.

Padoveze (2005) e Oliveira, Perez Júnior e Silva (2002) citam como vantagens da adoção do orçamento:

- Definir as responsabilidades dos executivos, criando compromisso para pensarem de acordo com os objetivos empresariais.
- Dar forma ao plano estratégico, permitindo análise prévia das expectativas futuras, o que o torna a melhor base de comparação e avaliação do desempenho superior.
- Auxiliar os administradores na coordenação dos esforços, de forma que os objetivos da organização em sua totalidade se harmonizem, permitindo a integração das atividades, departamentos e centros de responsabilidades na empresa.
- Padronizar e formalizar um instrumento de comunicação, pois cada funcionário observa como suas atividades con-

tribuem para as metas internas e para o objetivo global da empresa.

- Dotar a organização de um instrumento de controle operacional, possibilitando a comparação dos resultados alcançados com os objetivos preestabelecidos.
- Fornecer parâmetros de desempenho que servirão como um referencial (*benchmark*) para a avaliação da performance dos negócios.

Apesar das vantagens destacadas neste item, o orçamento possui também obstáculos e limitações, que apresentaremos a seguir.

Obstáculos e limitações do orçamento

O orçamento, como qualquer outra ferramenta gerencial, apresenta suas limitações que devem ser consideradas pela administração, destacando-se:

- Os resultados do processo orçamentário podem ser lentos, e isso pode causar frustração nos envolvidos.
- O orçamento necessita criar certos padrões. Quando criados em excesso, esses padrões levam à falta de flexibilidade, que pode impedir a criatividade dos gestores setoriais e provocar conformismo, medo ou insatisfação.
- Dificuldade de utilização desse ferramental em situações de variabilidade, acima do esperado, do cenário orçado.
- Parte do processo orçamentário depende do julgamento dos envolvidos. Essa subjetividade faz com que muitos pensem ser um processo de adivinhação quanto às previsões dos dados quantitativos futuros.

ORÇAMENTO E CONTROLE

- O processo orçamentário consome muito tempo e recursos, podendo ainda criar excesso de rotinas contábeis.
- A confiabilidade no sistema orçamentário é um processo demorado. Até a empresa criar uma cultura orçamentária, inúmeras dificuldades, tanto de ordem técnica quanto de ordem motivacional dos envolvidos, irão acontecer.
- A busca pelo atingimento de metas pode motivar alguns a ter comportamento antiético.
- A utilização de tecnologias de informação inadequadas pode comprometer os resultados do processo orçamentário.

É importante que o leitor saiba que o orçamento, como qualquer outra ferramenta de gestão, é um exercício de aprendizado constante e somente pode ser desenvolvido e atingir um grau de utilização eficaz se praticado e aperfeiçoado em cada período. Todos os problemas ou as dificuldades que surgiram no processo devem ser analisados, e encontradas soluções, fazendo-se, assim, a adequação do processo à estrutura e demanda da organização.

O orçamento é uma ferramenta para ajudar o gestor. Deve ser adaptado às suas necessidades, bem como ao contexto particular da empresa. Para tanto deve tomar formas diferentes dependendo das particularidades de cada empresa. No próximo item vamos apresentar os métodos de orçamento.

Métodos de orçamento

Uma questão importante na implementação do orçamento e controle empresarial é decidir pelo método orçamentário que é mais recomendado à atividade econômica, finalidade ou modelo de gestão e cultura organizacional.

Os propósitos do orçamento devem determinar seu período de abrangência, sendo mais usual trabalhar anualmente, dividindo-o em meses e/ou trimestres.

A organização pode estabelecer o orçamento considerando as seguintes funções:

- unidade de medida – orçamento operacional, orçamento de projetos e orçamento financeiro;
- método de classificação das transações – orçamento por recursos, orçamento por atividade, orçamento por departamentos ou centros de custo;
- comportamento dos custos – orçamento fixo, orçamento flexível;
- análises previstas – orçamento empresarial, orçamento flexível, por atividades;
- forma de elaboração – orçamento base zero, orçamento contínuo, orçamento tradicional.

Os métodos mais tradicionais foram apresentados por Lunkes (2010) em uma escala evolutiva, iniciando com o orçamento empresarial surgido em 1919 seguindo até o orçamento perpétuo, que surge a partir do ano 2000.

A figura 2 retrata a evolução dos métodos orçamentários.

Observa-se, na primeira fase, a predominância do denominado orçamento empresarial, que teve como ênfase a projeção dos resultados para posterior controle. O orçamento empresarial é um plano contendo as metas operacionais das diferentes áreas a serem controladas no próximo período e leva em consideração um nível de atividade. É planejado para atender a um nível de atividade do próximo período (mês, trimestre, ano etc.).

Em seguida apareceu o orçamento contínuo, que tem como ênfase a revisão contínua. O objetivo central do orçamento contínuo

Figura 2
Evolução dos métodos orçamentários

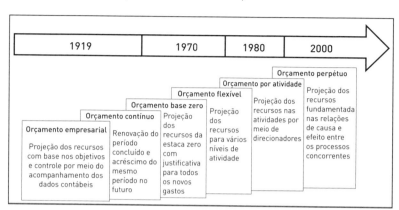

Fonte: Lunkes (2010).

é atualizar o orçamento operacional continuamente. É desejável e necessário que o replanejamento das projeções leve em conta as circunstâncias de mercado e/ou volatilidade do macroambiente. Assim, remove os dados do período recém-concluído (mês, trimestre ou ano) e acrescenta dados orçados para o período seguinte. Por exemplo, terminado o mês de janeiro imediatamente é preparado o orçamento de janeiro do próximo ano e assim por diante, de forma que a empresa sempre estará com um orçamento para um horizonte de 12 meses.

Na sequência, ocorre o surgimento do orçamento base zero, no qual para a projeção dos dados considera como se as operações estivessem começando na estaca zero e assim inclui a necessidade de justificar todos os gastos. No orçamento base zero, os gestores estimam e justificam os gastos como se a empresa estivesse iniciando suas operações. Assim, podemos dizer que esse orçamento rejeita a visão tradicional que leva em consideração os dados do passado acrescentando um adicional.

O orçamento base zero visa rediscutir todos os gastos sempre que o processo orçamentário se inicia, questionando a necessidade de cada um deles. Afinal, o fato de um gasto já ter ocorrido não significa que ele terá de ocorrer posteriormente. Seus benefícios são:

- Permite alocação mais eficiente dos recursos porque questiona a existência de gastos passados, alocando os esforços em atividades comprovadamente melhores.
- Incentiva os gestores a buscar melhorias contínuas e evidencia as atividades que têm melhor custo × benefício.
- Ajuda a detectar comportamento inflacionário dos gastos do passado.
- Faz com que haja maior comunicação entre os centros de custos.
- Evidencia para os gestores as atividades mais essenciais e permite correlacioná-las mais precisamente aos objetivos estratégicos.

Entretanto, há as seguintes desvantagens:

- Por partir do zero e questionar todas as atividades, o tempo consumido no processo orçamentário é muito maior.
- A justificativa da importância de certas atividades pode ser subjetiva em alguns aspectos. Além disso, a determinação das diversas atividades pode ser complexa – principalmente quando a empresa faz pela primeira vez a implantação do orçamento base zero –, razão pela qual muitos recomendam que, nos primeiros, sejam feitos levantamentos dos pacotes de decisão de forma mais abrangente.
- Exige que os gestores estejam comprometidos e treinados especificamente para esse tipo de ferramenta por causa da complexidade do processo orçamentário.

- Em empresas pequenas, o custo de implementação pode ser mais caro que os benefícios. Já em uma empresa grande, o volume de informações é tão grande que pode prejudicar a análise.

O quarto orçamento é o flexível, que está baseado no conhecimento dos padrões de comportamento dos custos e se destaca por uma projeção dos dados das peças orçamentárias em vários níveis de atividade. O orçamento flexível é preparado para cobrir uma faixa de atividades; portanto, pode ser usado para estimar custos em qualquer nível de atividade. Ou seja, os custos orçados podem ser ajustados de acordo com as mudanças no nível de atividade real ou geração de receita e comparados com os custos reais para efeito de análise das variações e controle.

O orçamento flexível leva os gestores a calcular um conjunto vasto de variações ocorridas no orçamento empresarial. Usando o orçamento flexível no controle, podemos destacar a eficiência operacional e comercial ocorrida no período considerado. Tal orçamento será melhor detalhado no capítulo 6.

O orçamento por atividade surge a partir dos estudos do custeio baseado por atividades, conhecido pela sigla ABC (*activity based costing*). Esse tipo de orçamento, para gerenciamento de custos, desdobra os centros de custos ou responsabilidades da empresa em atividades. A principal função de uma atividade é converter recursos em produtos e serviços. Esse método orçamentário representa uma projeção dos recursos nas atividades e o uso de direcionadores (*drivers*) para estimar e controlar os resultados. Usa a informação sobre os direcionadores no planejamento e no processo de avaliação.

Por fim, tem-se o orçamento perpétuo, que prevê custos e uso dos recursos com fundamento nas análises das relações de causa e efeito. Para o orçamento perpétuo, na ocorrência de evento-chave o processo orçamentário deve ser suspenso e um novo planejamento deve ser feito. A partir das análises de causa e efeito, os gastos devem ser direcionados para novas oportunidades de mercado causadas pelo evento. O processo orçamentário é reformulado buscando atender às novas necessidades.

Além de todos os tipos de orçamentos aqui apresentados, há também o orçamento matricial. No ano de 1998, a Ambev desenvolveu esse tipo, visando ao orçamento de 1999. O projeto teve resultados surpreendentes, gerando uma economia no orçamento dos gastos fixos de $ 152 milhões em relação ao ano anterior, segundo Padoveze e Taranto (2009).

O conceito é que na elaboração do orçamento se realiza o cruzamento das despesas de uma entidade. A empresa passa a ter uma visão horizontal e uma visão vertical caracterizadas por uma matriz de análise.

No modelo tradicional de orçamento, os gestores são os responsáveis pela administração de todas as contas contábeis de receitas e de despesas dos seus departamentos. No modelo matricial, temos uma novidade conceitual ao propor gerenciamento cruzado de cada despesa. Assim, há dois responsáveis pelas despesas na matriz: na vertical, o gestor responsável pela peça orçamentária de seu departamento; e na horizontal, o gestor de linha, que é designado pela empresa como um especialista para ajudar os departamentos a orçar melhor e deve também responder perante a empresa pela respectiva conta contábil sob sua responsabilidade.

O orçamento matricial implica um gerenciamento duplo para todos os gastos. O trabalho em equipe e o bom relacionamento entre o gestor de coluna e o gestor de linha são fundamentais nesse tipo de orçamento.

O orçamento matricial se desdobra em três ferramentas complementares, segundo Vieira (2011):

- gerenciamento matricial de despesas (GMD) – destinado à redução dos gastos;

- gerenciamento matricial de receitas (GMR) – destinado à maximização dos resultados;
- diagnóstico de desempenho operacional (DDO) – destinado à redução dos gastos operacionais.

O orçamento matricial é muito importante, tanto na elaboração do orçamento quanto no seu controle. Ele será melhor analisado no capítulo 6.

Estrutura básica do orçamento

A literatura a respeito do orçamento empresarial ganha relevância na metade do século XX, por volta dos anos 1950 e 1960, quando empresas de grande porte passaram a utilizá-lo em suas operações. Mas é importante destacar que sua elaboração e estrutura devem ser adaptadas ao nível de complexidade e detalhamento desejado, levando em consideração o porte, a cultura organizacional e a área de atuação da empresa.

Além disso, como o orçamento é uma ferramenta gerencial, cada gestor pode trabalhar da forma como queira sem estar amarrado às regras contábeis – desde que gere as informações desejadas no momento certo.

Embora a maioria dos conceitos deste livro esteja de acordo com o que gestores, consultores e professores praticam, há liberdade para que cada empresa os adapte às suas realidades. O relevante, no final das contas, é como direcionar a empresa a atingir determinados objetivos e se estes, ao longo da execução, estão sendo alcançados.

A montagem do orçamento empresarial pressupõe a execução sistemática de ações de responsabilidade dos diversos setores. Essa participação tem vantagens, como a comunicação prévia de objetivos e metas aos setores e o comprometimento gerado entre os diversos responsáveis.

Existem diversos modelos de processo orçamentário. Eles variam de empresa para empresa, não havendo um modelo padrão. O importante é que ele cumpra o objetivo de apoiar a montagem do orçamento de modo que as ações de planejamento, organização dos recursos, coordenação das ações e utilização de recursos estejam sendo executadas em prol da consecução dos objetivos e metas estabelecidos no planejamento estratégico.

O processo orçamentário tem início a partir das premissas e dos objetivos estabelecidos no planejamento estratégico aprovado pelo conselho administrativo e/ou presidência. Assim ficam definidas as políticas e metas orçamentárias para a empresa.

Com base nas políticas e metas, cada unidade e/ou centro de responsabilidades define suas estratégias e as quantifica em orçamentos levando em consideração as metas individuais. Os orçamentos de cada unidade e/ou centro de responsabilidades são enviados ao setor de orçamento para consolidar e fazer a simulação do orçamento da empresa como um todo. Nessa etapa, também são apresentados os orçamentos de projetos: de sistemas, de mapeamento de processos, de infraestrutura, de mudanças organizacionais, de melhoria contínua, de novos produtos, entre outros. Esses orçamentos de projetos devem integrar o orçamento operacional da empresa para estabelecer o orçamento global. Se o resultado da simulação atender aos objetivos e metas estabelecidos pelo conselho administrativo e pela presidência, o orçamento vai para aprovação e, em seguida, é divulgado para toda a organização. Se o resultado da simulação não atender aos objetivos e metas, o orçamento é submetido à presidência para estabelecer novas metas para o orçamento de cada unidade, a fim de atender às diretrizes estabelecidas no planejamento estratégico. Uma vez o orçamento aprovado e divulgado, o setor de orçamento começa a fazer o acompanhamento e controle. A estrutura básica do orçamento é constituída pelas projeções financeiras dos orçamentos individuais de cada unidade ou centro de responsabilidades da empresa, consolidando-se em uma peça orçamentária global para determinado período. O orçamento global é composto por uma estrutura, como se pode observar na figura 3.

Figura 3
Estrutura básica do orçamento empresarial

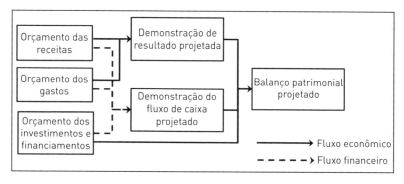

O orçamento é composto praticamente de quatro peças: orçamento das receitas (ver capítulo 3), dos gastos (ver capítulo 4), dos financiamentos e investimentos (neste livro tratado como orçamento de projetos – ver capítulo 5) e o orçamento de caixa (ver capítulo 5). O orçamento da demonstração de resultado projetada e o orçamento do balanço patrimonial projetado são consequência dos outros.

O orçamento da receita objetiva estimar o faturamento da empresa, mês a mês, bem como, se for o caso, estimar a natureza, as qualidades e quantidades dos produtos e serviços e seus respectivos preços. Sua importância está no fato de esse orçamento representar um limitador para as demais peças orçamentárias na maioria das empresas.

Quando superestimadas, as receitas forçam orçamentos de produção também superestimados e toda uma preparação de utilização de recursos num nível acima das reais necessidades, ocasionando gastos acima do necessário, o que resulta em lucros menores. Quando subestimadas, a empresa prepara-se para um volume de produção abaixo das reais necessidades, perdendo oportunidades de negócios e lucros.

As receitas devem contemplar qualquer tipo de fonte, sejam as operacionais ou até mesmo as eventuais, como a venda de ativos imobilizados ou receita com dividendos e receitas financeiras.

O orçamento dos gastos, compreendendo os custos e as despesas, representa o conjunto de estimativas de gastos relacionados com a receita, como comissão de vendas e impostos, com os produtos, como matéria-prima e com os orçamentos de cada centro de responsabilidades preparados pelos respectivos gestores.

O orçamento dos projetos, também conhecido como de investimentos e financiamentos, consiste na estimativa, frente às pretensões empresariais de expansão, retração ou quaisquer outros projetos, do montante de investimentos necessários, bem como os financiamentos a serem utilizados para realizá-los.

Por fim, concomitantemente aos três orçamentos já referenciados, a empresa fará levantamento de toda política de recebimento das receitas e pagamento dos gastos, bem como o fluxo das entradas e saídas de caixa das decisões de investimentos e financiamentos, para medir, mês a mês, o fluxo de caixa da empresa.

Relatórios financeiros

A combinação das peças orçamentárias produz três relatórios financeiros fundamentais: demonstração do fluxo de caixa projetado mês a mês, demonstração do resultado do exercício e balanço patrimonial.

ORÇAMENTO E CONTROLE

Demonstração do fluxo de caixa projetado

O orçamento de caixa projetado resume todas as estimativas de entradas e saídas de recursos financeiros na/da empresa. Portanto, a qualidade das previsões do fluxo depende, sobremaneira, do grau de confiabilidade dos valores estimados nos orçamentos diversos do processo orçamentário. Esse orçamento possui três objetivos básicos, a saber:

- prever o saldo de caixa ao término de cada período considerado;
- prever a geração de caixa do período orçado;
- determinar se as políticas de recebimento, pagamento e estocagem estão em sintonia.

Embora o orçamento de caixa seja preparado após a elaboração dos demais orçamentos, devido a sua dependência dos dados contidos naqueles, isto não evidencia que seja menos importante que os demais. Pode acontecer, em função dos valores apurados em saldos de caixa em cada período, que haja necessidade de revisão de algum orçamento montado anteriormente, dado o grau de impacto no fluxo de caixa da empresa. Não se pode esquecer que o processo orçamentário é um instrumento de previsão e coordenação de recursos para a consecução da missão da empresa, sendo o recurso financeiro elemento dos mais importantes nesse processo. A elaboração do orçamento de caixa pressupõe o levantamento de duas categorias de dados:

1) *Dados básicos*
   a) dados financeiros operacionais normais da empresa, como receitas operacionais, gastos com matéria-prima, mão de obra, energia, entre outros;

b) dados de projetos, como receitas e despesas com aquisição e venda de imóveis, equipamentos diversos, implantação de novos sistemas, entre outros.

2) *Dados complementares*
   a) prazos médios normais de recebimentos e desembolsos para a empresa, bem como prazo médio de estocagem;
   b) recebimentos ou pagamentos de juros bancários;
   c) previsão de devedores duvidosos advindos das receitas de vendas, entre outros.

Uma vez definidos os prazos médios dos encaixes e desembolsos e aprovados pelo comitê de orçamentos, deverão ser feitas as previsões de recebimento das receitas e pagamento das despesas.

Demonstração do resultado projetado

A montagem desse demonstrativo visa possibilitar a projeção, para o período orçado, do resultado econômico da empresa. Baseado nas peças orçamentárias anteriores, esse demonstrativo também possibilita aos executivos estimar resultados futuros a partir da montagem dos demais orçamentos, considerando diferentes alternativas para custos e despesas.

Essa demonstração é importante para avaliar se a empresa tem condições de atingir a meta de remuneração desejada pelos acionistas. Os dados projetados na demonstração do resultado do exercício são essenciais para o cálculo dos indicadores de rentabilidade futura.

Um detalhe importante e que será discutido mais adiante é que, no orçamento empresarial, diferentemente da contabilidade financeira, a demonstração do resultado pode ser projetada pelo método do custeio direto ou variável. Nesse método, há uma total segregação dos gastos fixos e dos gastos variáveis de forma a per-

ORÇAMENTO E CONTROLE

mitir avaliar a evolução da margem de contribuição, essencial para a orçamentação dos gastos fixos.

Balanço patrimonial projetado

Muitas empresas estabelecem, em seus processos orçamentários, a montagem desse orçamento. São várias as razões, por exemplo:

- sua montagem ajuda a conferência da montagem das demais peças orçamentárias;
- possibilita uma análise econômico-financeira da empresa;
- fornece dados para análise da administração do capital de giro da empresa.

No apêndice, você, leitor, encontrará um exemplo de orçamento para comércio para que possa compreender a interação existente entre as peças orçamentárias.

Leitor, neste capítulo foram apresentados os conceitos fundamentais do orçamento empresarial, os orçamentos que compõem o processo orçamentário e os principais relatórios do orçamento. O entendimento dos conceitos básicos lhe permitirá compreender as diversas fases do processo orçamentário. No próximo capítulo, nos deteremos no planejamento orçamentário.

2
O planejamento orçamentário

Este capítulo trata das atividades que antecedem a elaboração do orçamento. Nele, abordamos a responsabilidade da controladoria na coordenação do orçamento, os pré-requisitos, os sistemas de elaboração e controle, os fundamentos e as etapas de implantação do processo orçamentário. Na fase de planejamento e elaboração veremos as questões dos planos orçamentários de curto e longo prazos, do cenário econômico que projeta os fatores externos que afetam o desempenho da empresa, da determinação da meta de lucro que deverá ser alcançada, da definição das metas e dos índices de desempenho, que representam padrões de excelência que orientarão o orçamento e ajudarão a avaliar o desempenho da companhia. Por fim, focalizaremos o processo de aprovação e ajustes no plano orçamentário.

Requisitos orçamentários

O processo orçamentário deve satisfazer algumas condições e princípios fundamentais. Isto se faz necessário tanto para um adequado aproveitamento das vantagens da ferramenta quanto para superar suas limitações, como mencionamos no capítulo anterior.

Entre os princípios e fundamentos do sistema orçamentário apresentado na literatura destacamos os que se seguem.

ORÇAMENTO E CONTROLE

Integração com o planejamento estratégico da empresa

O plano estratégico é o ponto inicial para a determinação das metas orçamentárias e deve ser amplamente divulgado e entendido pelos departamentos e centros de responsabilidades. As metas do orçamento devem estar coerentes e alinhadas com as diretrizes do planejamento estratégico.

Esse procedimento faz com que a empresa trace objetivos de curto, médio e longo prazos e crie indicadores que permitam saber se esses objetivos estão sendo atingidos.

Atualmente, existe uma grande pressão dos acionistas, principalmente os que atuam em caráter especulativo, para que a empresa foque apenas em resultados de curto prazo, o que pode fazer com que o preço das ações aumente. Entretanto, objetivos de curto prazo acabam se limitando a indicadores financeiros, como aumento de lucro e de geração de caixa, o que pode fazer com que vários problemas sejam criados no longo prazo.

Exemplo: em meados de 1920, a Harley-Davidson fabricava de 25% a 49% abaixo da demanda de mercado. Com isso, a empresa não buscava a maximização de lucro imediato, mas tentava elevar o valor do bem na percepção do consumidor (Churchill e Peter, 2000:342). Reparem que abdicou de maximizar seu lucro no curto prazo – atendendo toda a demanda – por conta de posicionamento estratégico.

Governança corporativa

Para que o planejamento estratégico possa ser executado, é preciso que os gestores apoiem e participem ativamente dos processos de planejamento e de controle. Como o processo orçamentário cria limites, invariavelmente irá gerar tensões, que devem ser superadas em prol dos objetivos empresariais. Sem o apoio da alta gerência, o orçamento passa a ser apenas uma peça figurativa sem disciplina ou função.

A governança corporativa é um conjunto de processos, costumes, regulamentos que permitem tornar transparente a forma como uma empresa é administrada e controlada – que inclui toda a relação que deve existir entre alta administração, conselho, *shareholders*, funcionários e qualquer outro partícipe da empresa.

Sem essa transparência, não há como criar cultura e valores próprios para desenvolver uma filosofia de gestão que englobe a perspectiva futura da empresa e proporcione as bases a partir das quais todas as decisões serão orientadas.

Por mais que as técnicas e ferramentas orçamentárias sejam necessárias, elas são elaboradas e executadas por pessoas. Deve a alta administração, então, incentivar a participação colaborativa de todos os gestores em todos os níveis.

Como será visto nos capítulos 3, 4 e 5, as peças orçamentárias devem ser realizadas de cima para baixo (*top down*), em que a diretoria estabelece limites aos níveis inferiores, e de baixo para cima (*bottom up*), quando os gestores de níveis mais baixos criam seus próprios orçamentos e os submetem às autoridades superiores dentro da organização para aprovação.

Centros de responsabilidades

A partir do comprometimento da alta gerência, é fundamental que haja comunicação transparente com todos os gestores responsáveis pela execução.

As informações do planejamento devem estar disponíveis antes do início da execução, estabelecendo-se cronograma detalhando as atividades, as datas e os respectivos responsáveis por elas.

ORÇAMENTO E CONTROLE

Os centros de responsabilidades devem ter certa liberdade para agir obedecendo às metas previamente fixadas – ajudando na flexibilização e comprometimento no processo orçamentário. Entretanto, essa liberdade deve ser acompanhada por indicadores que avaliem a eficácia e a eficiência de cada centro de responsabilidades e permitam analisar o desempenho de cada centro, inclusive com a possibilidade de implantação de sistema de recompensas variáveis. Tais metas devem apresentar algumas características, como ser fáceis de entender, confiáveis, significativas, controláveis, capazes de apontar eficiência, eficácia, efetividade e economia.

Sistema de gestão

Para que possa existir elaboração, acompanhamento e controle orçamentário, bem como análise do desempenho de cada centro de responsabilidades, a empresa deve contar com sistemas informatizados adequados.

Para elaboração orçamentária, dependendo do tamanho da empresa, esta pode trabalhar em planilhas mais simples, como Excel, apesar de envolver complexidade alta pelas diversas integrações necessárias entre balanço patrimonial projetado, demonstração de resultado de exercício projetada e fluxo de caixa projetado.

Para acompanhamento e controle orçamentário e avaliação do desempenho de cada centro de responsabilidades, é necessário que haja uma reestruturação do atual sistema contábil.

Dois exemplos:

1) Normalmente, o sistema contábil registra os gastos, investimentos e financiamentos da empresa como um todo. Para a visão orçamentária, será necessário fazer os devidos lançamentos por unidade de negócio – apurando-se os resultados

por responsabilidade. Assim, os ativos imobilizados, folha de pagamento e qualquer fato que seja de responsabilidade de um departamento devem estar alocados contabilmente nesses centros.

2) A contabilidade de custo tem o objetivo de registrar quanto está sendo gasto no processo produtivo. Desse modo, se o sistema contábil apontar que foram gastos $ 20,00 por unidade para produzir determinado lote, é essa informação que irá para resultado.

Já o sistema orçamentário não apura o quanto determinado produto, serviço ou departamento gasta, e sim, frente aos padrões previamente estabelecidos, o quanto deveria ter sido gasto. A diferença entre o que foi gasto e o quanto deveria ter sido gasto evidencia eficiência no processo produtivo.

Aprendizado e *feedback*

Os funcionários precisam compreender e assimilar a cultura de orçamento da empresa. Para isso é fundamental o treinamento, o compromisso para atingir as metas, que estão sempre atreladas ao monitoramento das operações e ações com o respectivo *feedback* para garantir o sincronismo entre planejamento, execução e controle.

Definição dos envolvidos no processo orçamentário

O processo orçamentário requer que todos da entidade estejam envolvidos. Isso demanda que a alta administração incentive os recursos humanos por meio de liderança que torne transparentes os objetivos comuns que todos irão buscar.

Para ser elaborado e executado, o orçamento necessita de profissionais que sejam responsáveis por sua aplicação. São responsáveis por recolher os orçamentos dos diversos departamentos gestores e consolidá-los, cobrar e analisar os orçamentos realizados dos diversos departamentos, interpretar as variações ocorridas entre o projetado e o realizado e propor correções de rumo necessárias à realização do orçamento aprovado.

Entre várias atribuições dos responsáveis pela preparação, elaboração e controle do orçamento, destacam-se:

- desenhar procedimentos, diretrizes e formulários para a elaboração do orçamento;
- definir quais dados estatísticos serão usados pelos departamentos;
- controlar os partícipes para que os mesmos não coloquem objetivos pessoais acima dos empresariais;
- assessorar os departamentos auditando as informações existentes para garantir integridade do orçamento;
- ser o elemento de comunicação entre alta gerência e os departamentos, promovendo a coordenação e integração dos departamentos;
- analisar e fazer recomendações acerca dos orçamentos realizados;
- controlar o processo de revisão do orçamento;
- comparar o desempenho real com o desempenho orçado, interpretar os resultados e preparar resumos para a alta administração.

É importante perceber que os gestores responsáveis pela orçamentação irão necessitar de autonomia, paciência e imparcialidade. Isso porque invariavelmente lidarão com egos, consumirão tempo considerável dos departamentos, irão estabelecer limites e necessitarão de grande habilidade para tratar com pessoas.

É óbvio que a criação de uma equipe ou departamento orçamentário depende muito do tamanho da empresa. Para pequenas empresas, os proprietários devem assumir essa função. Para médias, já é necessário que haja um grupo de pessoas auxiliando os proprietários. Para grandes empresas, um departamento se torna imperativo.

Para tanto, defendemos que a responsabilidade pela condução do processo orçamentário deve ser da controladoria, seja na figura dos próprios empresários ou da equipe/departamento criado por eles. A importância e responsabilidade da controladoria no processo orçamentário residem no fato de que o orçamento deve ser estruturado com base no sistema de contabilidade, que também é responsabilidade do *controller* da empresa.

Assim, o *controller* – que é o responsável pelo processo orçamentário, pois participa na coordenação e realização do orçamento – desempenha um papel essencial no desenvolvimento da melhor cultura orçamentária. É recomendável adotar uma liderança que possua as características de persuasão e influência, em vez de assumir uma postura autoritária e, muitas vezes, intimidadora (Padoveze e Taranto, 2009).

É também sob a coordenação do *controller* que a interface entre as áreas a ele subordinadas, de planejamento e controle e escrituração, é facilitada e dinamizada. Isso se torna muito mais importante tendo em vista a necessidade de articulação da contabilidade com o planejamento e controle para a elaboração e manutenção do *plano de contas contábil* e do *plano de contas orçamentário*.

Na figura 4 apresentamos, segundo Padoveze, as áreas de responsabilidades da controladoria.

Figura 4
Responsabilidades da controladoria

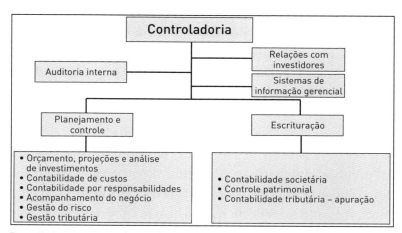

Fonte: Padoveze e Taranto (2009:17).

Apesar de em algumas empresas a responsabilidade pelo sistema orçamentário estar a cargo do setor de finanças, entendemos que a controladoria não deve ter a funcionalidade normal de um departamento. Deve ser subordinada diretamente à presidência.

Sistemas de elaboração e controle orçamentário

É consenso no mundo corporativo que as informações geradas pelos sistemas informatizados representam um dos ativos mais valiosos de uma empresa. A empresa detentora de bons sistemas de elaboração e de controle orçamentário tende a ser mais dinâmica, atuante, eficiente e eficaz.

Estamos apresentando dois sistemas que devem atuar em consonância e integrados. Um é o sistema de elaboração orçamentária que, levando em consideração as premissas preestabelecidas pela empresa com base no planejamento estratégico, é alimentado com os dados do período orçamentário, projeta resultados em diversos cenários e permite que se avaliem, no futuro, as prováveis consequências de decisões tomadas no presente. O outro é o sistema de controle e acompanhamento da execução do orçamento atrelado ao sistema contábil da empresa.

Para um adequado sistema orçamentário, é necessário um conjunto de pessoas, recursos materiais, sistemas de informação e a administração do sistema para a execução dos planos orçamentários.

A elaboração do plano orçamentário deve ter início três ou quatro meses antes do princípio do ano da execução do orçamento. Assim, o processo de elaboração do orçamento pode começar em setembro, quando a empresa tem seu ano fiscal igual ao ano civil.

Não existe uma única forma ou procedimento para a elaboração de um orçamento. Apresentamos, a seguir, as visões mais utilizadas sobre o processo de elaboração do orçamento. Destacamos que cada empresa, dependendo de seu porte, setor de atuação, massa crítica e disponibilidade de sistemas, pode adaptar os procedimentos a seguir apresentados à sua realidade.

Segundo Padoveze (2005), o processo orçamentário compreende o conjunto de medidas e estrutura para sua eficiente implantação anual e execução. Divide-se em sete partes:

- *Comitê orçamentário.* É composto pelos diretores da organização, que têm a visão maior do orçamento anual, sendo o *controller* o responsável pelo processo do orçamento.
- *Premissas orçamentárias.* O comitê deve definir regras que serão aplicadas no próximo ano.
- *Modelo do processo orçamentário.* Com base nas crenças e valores da organização, o comitê deve definir modelos de condução do processo orçamentário.

- *Estrutura contábil.* Está baseada nos objetivos da empresa tendo em vista o monitoramento do sistema de informação contábil que está ligado ao *controller.*
- *Sistema e apoio.* O *controller* define os sistemas de apoio e as tecnologias de informação para execução dos cálculos e lançamentos orçamentários no sistema de informação contábil.
- *Relatórios.* O *controller* define os relatórios orçamentários para preparação, acompanhamento e controle.
- *Cronograma.* O *controller* é responsável pela liderança da execução de todas as etapas do cronograma orçamentário.

Os procedimentos para a elaboração e implementação do orçamento podem ser divididos em três etapas: ambiente pré-orçamentário, elaboração orçamentária e acompanhamento orçamentário. Vejamos, na sequência, cada uma delas.

Ambiente pré-orçamentário

No ambiente pré-orçamentário é feito o estudo do cenário, das premissas e dos padrões que serão utilizados na elaboração do orçamento, que devem ser definidos antes do início da montagem do orçamento em si, uma vez que contêm informações indispensáveis e balizadoras da elaboração da peça orçamentária. Vejamos, a seguir, a definição dos cenários, elaboração das premissas e definição dos padrões.

Cenários

A análise e a definição de cenários são de primordial importância na elaboração do orçamento empresarial, sendo que nelas encontram-se informações essenciais para a elaboração do mesmo.

O PLANEJAMENTO ORÇAMENTÁRIO

O planejamento orçamentário exige que a equipe de orçamento elabore, ou encomende a empresas especializadas, estudos de cenários que podem ser definidos como a projeção estimada de um conjunto de variáveis macroeconômicas previstas para os períodos futuros, apresentando as principais tendências. Os estudos de cenários devem ser desenvolvidos de forma planejada, procurando diferentes forças que podem manipular o futuro, ajudando a empresa a centrar-se em cenários factíveis. Em resumo, os estudos de cenários são desenvolvidos com informações coletadas nos ambientes externos à empresa que refletem seu futuro provável, ou seja, são previsões do que pode acontecer, embasadas em fatos envoltos em probabilidades concretas de realização.

Para a construção dos cenários são consultadas pesquisas setoriais, publicações e dados especializados de um conjunto de variáveis macroeconômicas quantificáveis. São elas: dados sobre crescimento; nível de atividade econômica medido pelo PIB; taxas de juros, que afetam as receitas e despesas financeiras; taxa de inflação, que irá afetar os salários e os preços dos insumos; disponibilidade ou falta de recursos críticos; taxas de câmbio, que afetarão as compras e vendas das empresas que possuem relações comerciais com outros países. Ou seja, todos os aspectos que podem afetar o cenário político, econômico e mercadológico devem ser levados em consideração.

Existem diversas fontes que podem auxiliar os gestores na elaboração dos cenários: instituições financeiras, Banco Central, FMI, entre outras. Por exemplo, a empresa pode contar com os dados do sistema de expectativas de mercado do Banco Central do Brasil, disponível no *link* <www3.bcb.gov.br/expectativas/publico/consulta/serieestatisticas>. Esse sistema disponibiliza séries estatísticas consolidadas que geram relatórios de dados e projeções de indicadores como: índices de preços para os próximos 12 meses, meta para taxa *over*-selic, produto interno bruto

ORÇAMENTO E CONTROLE

(PIB), produção industrial, taxa de câmbio, preços administrados e indicadores do Top 5 (IGP-DI, IGP-M, IPCA, câmbio, meta *over*-selic).

Segundo Padoveze e Taranto (2009), os cenários são apresentados dentro de uma faixa de probabilidade de acontecimentos, tendo em vista que são apenas previsões. Como exemplo veja a tabela 1, em que há três possibilidades de cenários: otimista, moderado e pessimista.

Tabela 1
Modelo de elaboração de cenários

	I Otimista	II Moderada	III Pessimista
Probabilidade	25%	50%	25%
PIB – Mundial – Variação	2,5%	1,5%	0,5%
PIB – EUA – Variação	4,0%	2,5%	1,5%
PIB – Japão – Variação	3,0%	1,5%	0,5%
PIB – Brasil – Variação	4,5%	-3,0%	-2,0%
Balanço de pagamentos – US$ bi	4,0	6,0	8,0
Reservas internacionais – US$ bi	210	90	180
Déficit público – % do PIB	4,0%	4,5%	5,0%
Dívida externa – US$ bi	200	198	196
Juros nominais	13%	15%	18%
Taxa de câmbio	5%	7%	9%
Inflação anual – IPC	6,58%	7%	8%
Taxa média de desemprego	7,5%	8,5%	9,5%
Crescimento do setor	10%	5%	0%
Crescimento da empresa	12%	7%	2%
Crescimento da unidade de negócio 1	15%	12%	10%
Crescimento da unidade de negócio 2	10%	9%	7%

Fonte: Padoveze e Taranto (2009:9).

A empresa pode assumir um dos cenários ou até fazer uma média ponderada dos cenários para dar início ao plano orçamentário, para que não haja nenhuma dúvida na mensuração das variáveis a serem incorporadas no orçamento.

O PLANEJAMENTO ORÇAMENTÁRIO

Com a elaboração dos cenários, a empresa poderá formular suas premissas de maneira mais precisa, ou seja, se a empresa prevê um crescimento de 16% em suas vendas do próximo período e, na análise dos cenários, verificar que o crescimento do setor será de apenas 5%, o objetivo da empresa poderá não ser alcançado. Não pela falta de emprenho de seus gestores, mas pelo cenário desfavorável a tal crescimento. Dessa forma, considera-se que o objetivo da construção de cenários é fundamentar as premissas orçamentárias (Padoveze, 2005).

É sempre importante o gestor saber usar inteligência competitiva para análise e aplicação dos indicadores. Por exemplo, em dezembro de 2015 o Banco Central estimava a queda do PIB de 1,9% para 2016. Entretanto, em 2016 ocorreram as Olimpíadas no Rio de Janeiro. Ou seja, por mais que houvesse previsão de queda do PIB no Brasil, algumas empresas do Rio, principalmente ligadas à hotelaria, poderiam prever resultados melhores.

Premissas orçamentárias

O filósofo Lucius Sêneca uma vez disse que, "quando se navega sem destino, nenhum vento é favorável" (Hans, 2011:35). O plano estratégico estabelece as metas e objetivos empresariais. Os cenários definem as variáveis externas e internas que podem afetar o desempenho da empresa. Ambos servirão de base na elaboração das premissas orçamentárias. Ou seja, as premissas decorrem do cenário tido como mais provável ou de uma média ponderada dos cenários. Isso cria informações básicas para delinear o plano operacional, como:

- definição da meta de remuneração dos acionistas;
- comportamento das vendas;

ORÇAMENTO E CONTROLE

- definição dos índices de desempenho administrativos, financeiros e operacionais;
- índices de rotatividade de pessoal, salário médio e custo das rescisões;
- definição das políticas de reajuste e promoção de pessoal;
- definição de critérios para a projeção dos reajustes de preços; entre várias outras.

Dessas premissas, entre as fundamentais estão as metas de rentabilidade da empresa. Qualquer investidor deseja que os recursos investidos gerem retorno suficiente que compense os riscos existentes: esta é a premissa básica de todo orçamento.

Muitos comentam que o orçamento se inicia com o orçamento da receita. Só que a base de tudo são as metas de rentabilidade, que irão direcionar todas as peças orçamentárias.

Entretanto, é importante salientar que as metas de rentabilidade não devem necessariamente impactar o orçamento em todos os anos. O orçamento é uma das ferramentas do planejamento estratégico. Pode ser que no curto prazo a empresa deseje que para o próximo período orçamentário haja rentabilidade baixa ou até nula por conta de perspectiva futura de rentabilidade.

Por exemplo, ao entrar no Brasil, a marca coreana LG praticava preços de seus produtos até 10% mais baixos do que os oferecidos pelos concorrentes. Obviamente, o projeto de entrar no Brasil visava obter rentabilidade sobre os investimentos realizados. Entretanto, principalmente nos primeiros anos, o principal era gerar estímulo para que o consumidor deixasse de dar preferência a marcas já conhecidas (Mautone, 2003).

Ou seja, apesar de a rentabilidade da empresa ser uma premissa básica, esta deve ser alcançada ao longo da vida útil da empresa e não necessariamente no período orçado.

Além disso, é bastante importante a empresa estabelecer previamente quais são os diversos indicadores de desempenho que serão utilizados no acompanhamento orçamentário. Eles são fundamentais para criar parâmetros que permitam medir se a empresa está se aproximando ou se afastando das metas estabelecidas.

Existem diversos indicadores de desempenho operacional, como nível de ociosidade; tempo do processo produtivo; produtividade por funcionário; *ticket* médio, ou seja, qual é a receita média por cliente e receita por metro quadrado; desempenho administrativo, como número de horas extras; índice de rotatividade de pessoal e índice de processos trabalhistas, além de indicadores financeiros, como índices de liquidez, rotatividade dos estoques, grau de endividamento e rentabilidade.

Frezatti (2006) sugere para a avaliação da proposta orçamentária a utilização de alguns instrumentos de análise financeira que apresentamos a seguir:

- taxa de retorno sobre o patrimônio líquido;
- ROI (*return on investment*) ou taxa de retorno sobre os investimentos totais;
- relação de custo/volume/lucro;
- níveis de geração de caixa;
- participação percentual das despesas sobre o faturamento;
- índices operacionais e financeiros (liquidez, rentabilidade, atividade);
- EVA (*econimic value added*) e Ebitda (*earnings before interest, tax, depreciation and amortization*).

Padrões operacionais

A elaboração do orçamento depende da criação de padrões operacionais adotados regularmente pela empresa para acompanhar seu desempenho. Esses padrões devem ser criados em qualquer nível de departamento. Exemplo:

ORÇAMENTO E CONTROLE

1) No processo de elaboração, é fundamental definir:
   a) a unidade que será trabalhada (por quilo, por tonelada, por metro cúbico, por hora);
   b) os valores que serão trabalhados (real, dólar, euro ou outra moeda), qual o câmbio e em qual data haverá a conversão;
   c) quais são os detalhamentos que ocorrerão mensalmente, trimestralmente ou anualmente, como natureza dos gastos departamentais, receita por região, mix de produtos etc.
2) No processo operacional, é fundamental definir:
   a) quais são as medidas para construção dos produtos e serviços, ou seja, elaborar a ficha técnica de cada um dos produtos com as medidas dos insumos consumidos na compra ou construção dos produtos ou serviços, tempo do processo produtivo, tempo de máquina necessário;
   b) quais são as políticas administrativas, como política de vendas, política de atendimento ao cliente, política de descontos, políticas de estoque e estoque mínimo etc.

Esses padrões permitirão que a empresa crie uma série de manuais e diretrizes que orientarão, junto com as premissas, como devem ser elaboradas as propostas orçamentárias pelas diversas equipes que participarão do processo orçamentário.

Elaboração orçamentária

A elaboração orçamentária é a fase em que ocorrerá a discussão, com as equipes, dos objetivos e planos dos produtos, estudo das condições internas e externas e estabelecimento das metas orçamentárias.

A discussão, com as equipes, dos objetivos da empresa e planos de projetos é uma forma democrática e transparente de construção do orçamento valorizando as intenções e ações dos colaboradores. As reuniões das equipes devem ocorrer várias vezes ao ano com a intenção de analisar, discutir e realizar ajustes. Essa é uma forma de promover um orçamento participativo com o envolvimento e comprometimento de toda a equipe de colaboradores. Assim, cabe aos gestores operacionais e empregados definir as metas em consonância com os objetos globais, fazendo uma integração entre o planejamento estratégico com o orçamento.

O estudo das condições internas e externas deve levar em conta as mudanças nas condições futuras tanto no macroambiente quanto no microambiente. Por exemplo, no macroambiente, devem ser considerados fatores como políticas governamentais, inflação, taxa de câmbio. Já no microambiente, devem ser considerados fatores como concorrentes, clientes, fornecedores. Assim, cada departamento ou centro de responsabilidades avalia sua capacidade, necessidades, produtividade e força de trabalho. É o momento de compartilhar as informações dos departamentos, sintonizando as inter-relações. Essa troca de informações de todas as equipes é fundamental para construir um plano de ação sem falhas e com visão global.

Chega o momento do estabelecimento das metas orçamentárias. É um momento importante, no qual os gestores observam os objetivos e as diretrizes estabelecidos nas etapas anteriores para determinar as metas específicas de cada área, desde a comercial, a de produção até as atividades de apoio. Para tanto, são definidos os meios e os recursos para atingir as metas de cada centro de responsabilidades. Para um orçamento descentralizado ou participativo, não se faz necessária a prévia aprovação do nível superior ou da controladoria, porém deve-se garantir uma sincronia entre os orçamentos e metas de cada centro de responsabilidades.

Essa é a fase na qual todos devem participar com opiniões e sugestões, procurando, com tal procedimento, maiores comprometimento e motivação. Cada centro de responsabilidades deve, por consenso das equipes, definir as metas com ou sem a participação de alguém da controladoria. A participação da controladoria nessa etapa pode ajudar a avaliar se as metas que cada centro de responsabilidades definiu se coadunam com as diversas áreas e, principalmente, com os interesses gerais da empresa.

Outra questão importante é a definição da quantidade e qualidade das metas por área. A existência de poucas metas pode não considerar detalhes relevantes na gestão da organização. Entretanto, a existência de muitas metas pode desviar a atenção dos pontos mais importantes, consumindo tempo e energia da força de trabalho em questões menos relevantes.

Conforme apresentaremos no capítulo 5, podemos traçar a seguinte lógica para a elaboração orçamentária:

- frente às metas de rentabilidade e do orçamento da receita, estabelecer o teto dos gastos departamentais em face das condições financeiras da empresa no período orçado;
- realizar levantamento inicial de quanto cada departamento estima gastar em força de trabalho direta e indireta, consumo de materiais indiretos e despesas gerais para o período orçado;
- desenvolver negociações para encontrar um caminho comum a todos.

Se atenderem aos objetivos da organização, as peças orçamentárias serão apresentadas à alta direção da empresa como justificativa de aprovação do orçamento na reunião do conselho de administração. No caso de a projeção dos resultados e as análises por meio dos indicadores apresentados não atenderem aos objetivos da organização, começa uma rodada de ajustes nas peças orçamentárias. Nesse momento, todos os setores devem participar ativa e prontamente, contribuindo e ajustando seus orçamentos para atingir os resultados almejados.

O PLANEJAMENTO ORÇAMENTÁRIO

Apesar de todo o esforço para conquistar os objetivos, o conselho de administração, na reunião de aprovação do plano orçamentário, pode solicitar novos reajustes na proposta. Isso acontecendo, a controladoria faz os ajustes e comunica aos demais setores.

Finalmente, cumpridas todas as etapas e aprovado o plano orçamentário pelo conselho de administração, vem a etapa de sensibilização e divulgação, para toda a organização, de metas e responsabilidades assumidas no plano.

De modo resumido, podemos estabelecer o seguinte cronograma ilustrado na tabela 2.

Tabela 2
Cronograma orçamentário

Etapas	Área responsável
1) Preparação das peças orçamentárias	Controladoria
2) Aprovação inicial	Comitê orçamentário
3) Remessa aos responsáveis	Controladoria
4) Retorno das peças orçamentárias com as sugestões dos responsáveis	Todas as áreas responsáveis
5) Revisão dos orçamentos recebidos	Controladoria e comitê orçamentário
6) Ajuste das sugestões em cima das reorientações do comitê	Controladoria e áreas responsáveis
7) Conclusão das peças orçamentárias	Controladoria
8) Elaboração do orçamento geral e projeção das demonstrações contábeis	Controladoria

Fonte: Padoveze (2005).

Acompanhamento orçamentário

Essa fase está dividida em três etapas:

- estabelecimento de base de incentivos;
- monitoramento e controle orçamentário;
- aprendizagem e *feedback*.

A primeira etapa estabelece a base de incentivos. Está apoiada em um sistema amplo, que deve acompanhar as metas orçamentárias, alinhando os interesses de cada centro de responsabilidades com os interesses da empresa. Esse sistema deve ser bem estruturado para evitar procedimentos que visem exclusivamente a benefícios próprios de pessoas ou de centro de responsabilidades. Para tanto devem ser estabelecidas metas financeiras e não financeiras, o que contribui para uma avaliação melhor da força de trabalho.

Na segunda etapa, há o monitoramento e controle orçamentário visando à integração dos diferentes setores. Após a elaboração da proposta orçamentária, temos o orçamento operacional e o orçamento financeiro quantificado produzindo um resultado projetado. Concluídas todas as projeções, a controladoria, responsável pela elaboração e apresentação do orçamento, realiza análises para verificar se os valores apresentados para o próximo período atendem aos objetivos empresariais e às expectativas dos acionistas. Então, são realizadas as análises financeiras para verificar se o nível operacional planejado gera o resultado necessário para garantir o alcance dos objetivos propostos.

Os resultados atingidos devem, periodicamente, ser comparados com as estimativas estabelecidas. Na análise das metas, qualquer diferença encontrada deve ser comunicada em tempo real, a fim de possibilitar ajustes. Os relatórios das análises devem comunicar de forma clara, precisa e em tempo real para propiciar uma gestão à vista em cada centro de responsabilidades.

Iniciado o período de execução do orçamento, é necessário o controle gerencial. Esse controle será apresentado no capítulo 6 deste livro.

O sistema de controle com um calendário orçamentário deve ser preparado para acompanhar a evolução de cada área e corrigir qualquer distorção.

Por fim, a última etapa refere-se à aprendizagem e *feedback*. Nessa etapa, para atender à versatilidade e flexibilidade do processo orçamentário, devem-se fazer periódicas reuniões para debater e aprender com os acertos e erros do período avaliado. Isso gera a necessidade de estudo para encontrar as melhores alternativas para cada desvio apresentado no relatório. A interação entre as áreas para a disseminação das ações empregadas e lições aprendidas gera aprendizado para toda a empresa.

O processo de elaboração e acompanhamento orçamentário aqui apresentado seguiu um roteiro base que deve ser adaptado às diferentes necessidades, complexidades, processos de gestão, tecnologias, entre outras características de cada organização ou modelo de negócio.

O próximo capítulo tratará do orçamento da receita, que, na maioria das empresas, é o mais importante e crítico pela dificuldade de sua estimativa.

3
Orçamento da receita

O orçamento da receita é considerado, na maioria das empresas, o mais importante e crítico, pois todos os outros orçamentos dependem dele. Por ser aquele mais sujeito às incertezas, não deve ser percebido como um exercício de adivinhação e, por isso, queremos ajudá-lo, leitor, a ter ferramentas com que possa tornar a assertividade maior.

É importante lembrar que, em alguns casos, o orçamento da receita é consequência do orçamento da produção. Normalmente, como o fator limitante é o mercado, as empresas estimam quanto o mercado absorve de seus produtos para estimar quanto deve ser produzido.

Já em outros casos, principalmente ligados a *commodities* e em cenários de crescimento econômico, o fator limitante é a oferta, ou seja, o mercado está disposto a comprar todo o volume que a empresa produzir. Assim, é a capacidade produtiva da empresa que irá influenciar o orçamento da receita.

Ponto fundamental: um dos principais objetivos do orçamento das receitas é estimar os riscos existentes para estabelecer os limites de gastos e investimentos de uma empresa ao longo do período orçado.

ORÇAMENTO E CONTROLE

Precisão do orçamento da receita

Antes de iniciarmos o assunto do capítulo, é importante repetir que qualquer ferramenta orçamentária não tem o objetivo de prever como as coisas acontecerão de forma precisa, mas permitir que os gestores tomem, hoje, decisões que impactarão a empresa no futuro.

O grau de incerteza do orçamento da receita pode ser grande, e sua complexidade aumenta dependendo do tipo de empresa e segmento. Cabe aos gestores entender como a receita da empresa se comporta a cada cenário macroeconômico, fazendo adaptações relevantes no processo decisório.

Tente imaginar empresas que estão ligadas a projetos petrolíferos. Com a crise enfrentada pelo setor, bem como a enorme queda do preço do barril de petróleo a partir de 2014, diversas empresas, prevendo queda de receita, já sinalizaram cortes de gastos e de investimentos.

Visto como um exercício de adivinhação, o orçamento da receita dessas empresas não tem resposta. No entanto, visto como uma estimativa de quanto a empresa disporá para gastar e para investir, o orçamento da receita partirá dos projetos existentes atualmente em sua carteira (ganhos nos períodos anteriores que serão executados no período orçado), estimará quais investimentos devem ser mantidos e quais deverão ser postergados frente à incerteza do cenário, estimará seus gastos em função dessa falta de previsibilidade e, a cada novo projeto angariado, a empresa fará a revisão do seu orçamento.

Por exemplo, a edição de 26 de julho de 2010 do jornal *O Globo* anunciou que o setor siderúrgico fabricava 42 milhões de toneladas de aço por ano e havia planos bem ambiciosos: em 2016, projetava-se alcançar 88 milhões de toneladas. Naquele instante, com tal previsão de crescimento, as indústrias perceberam a necessidade de contratação de mais trabalhadores. Só as siderúrgicas planejavam abrir 15 mil vagas em quatro anos.

Cinco anos depois, em 13 de julho de 2015, a revista *Época* informou que o cenário de crise da indústria siderúrgica brasileira bateu de frente no emprego. Segundo levantamento feito pelo Instituto Aço Brasil (IABr), 11.188 funcionários do setor já haviam sido demitidos em 12 meses e outros 1.397 tiveram seus contratos suspensos (*lay off*) frente à então produção de 32,8 milhões de toneladas.

Caro leitor, imagine como foram os orçamentos nos anos seguintes a 2010. A previsão realizada cinco anos antes mostrava uma realidade totalmente diferente daquela efetivamente encontrada, evidenciando que o processo de orçamentação não é uma receita de bolo que deva ser seguida sem inteligência.

Como os orçamentos de gastos e de projetos dependem fundamentalmente do orçamento da receita, este deve ser feito com todo o cuidado. Qualquer estimativa aquém do real fará com que a empresa compre menos estoque do que deveria, correndo o risco de que faltem mercadorias, ameaçando seriamente o lucro. Qualquer estimativa acima do real força orçamentos de produção também superestimados, utilizando recursos em um nível acima das reais necessidades, ocasionando perda de lucro.

O orçamento da receita não é apenas responsabilidade do departamento de vendas e de marketing. Isso porque deve prever qualquer tipo de receita não relativa à operação principal, como receitas oriundas da eventual venda de imobilizados e juros sobre aplicações financeiras. Isso requer que outros departamentos também participem da elaboração desse orçamento, como o departamento financeiro, responsável pelas aplicações financeiras de uma empresa.

Além disso, existem outras complexidades que tornam o orçamento da receita desafiador, entre as quais destacam-se:

- Falta de conhecimento estatístico: no Brasil, apesar de existirem diversas entidades geradoras de informações como o

Instituto Brasileiro de Economia da FGV (Ibre), o Instituto Brasileiro de Geografia e Estatística (IBGE), órgãos de classe, sindicatos, empresas especializadas etc., não são todas as empresas que possuem estatísticos que façam uma análise profunda dos dados disponíveis. Além disso, algumas informações estatísticas podem não ser tão confiáveis por uma série de aspectos. Por exemplo, segundo o Banco Mundial, o Brasil, até 2014, era o 40º país com maior número de empresas listadas na Bolsa. Ou seja, como não são todas as empresas que possuem capital aberto (em 2015, o valor das empresas fechadas passou a ser maior do que as empresas de capital aberto), faz com que haja menos informações disponíveis sobre concorrência, mercado, fornecedores etc.

- Cultura inflacionária: algumas empresas acham que projeção orçamentária é apenas utilizar os dados do passado, embutir a inflação projetada e calcular a nova receita, sem analisar gerencialmente o comportamento de vendas. Isso faz com que o orçamento perca sua utilidade gerencial e passe a ser apenas uma ferramenta incremental.

- Comportamento de alguns funcionários do departamento de vendas: parte da projeção das vendas depende das informações do departamento de vendas. Entretanto, algumas empresas concedem bônus caso as metas sejam ultrapassadas. Isso pode motivar para que seus profissionais passem informações abaixo do real para que suas metas sejam alcançadas, prejudicando a empresa como um todo.

- Diversidade de produtos e serviços: algumas empresas possuem alta complexidade de produtos e serviços e grande variabilidade do mix de vendas, o que exerce efeito multiplicador sobre as dificuldades de previsão da receita.

Projeção da receita

A projeção do orçamento da receita parece ser algo simples: basta estimar a quantidade a ser vendida (orçamento das vendas) bem como a projeção do preço para calcular a receita projetada. Isso é feito para poder concentrar os efeitos da inflação em apenas uma das variáveis, ou seja, no comportamento dos preços ao longo do período orçamentário.

Entretanto, a prática é mais complexa. A projeção de vendas exige um trabalho que envolve entender o comportamento das vendas no passado e projetar o futuro a partir de algum método. Devem ser considerados sazonalidades, capacidade do mercado de absorver os produtos e serviços, poder de compra do público-alvo para o período, entre outros fatores.

Além disso, é preciso saber lidar com informações relevantes que podem mudar a análise, como: previsão de algum evento legal ou político capaz de influenciar as vendas (ser, por exemplo, um ano de eleição – dependendo do segmento, isso pode ajudar ou atrapalhar as vendas); mudança da estrutura concorrencial, como o surgimento de novos concorrentes; desejo estratégico de limitar a oferta dos produtos e serviços para o período orçado; cronograma de lançamento de novos produtos e encerramento de outros; aprovação de novas patentes ou encerramento de outras que podem ocorrer ao longo do período orçado; alinhamento estratégico – se haverá maior ou menor incidência de impostos, dilatação do prazo de pagamento pelos clientes ou variação do montante a ser investido em marketing.

Já o orçamento do preço exige entendimento de qual é a política de preços da empresa/segmento. Por exemplo, se a empresa pratica preço fixo, preço regulado, preço de acordo com o valor de mercado, preço com ajustes com prazos predefinidos, indexador da variação do preço e possíveis riscos envolvidos na precificação, como previsão de multas caso um cliente atrase pagamentos ou cobranças extras que podem surgir de acordo com circunstâncias específicas.

Por exemplo, algumas empresas de controle de pragas usam falcões para caçar e expulsar pombos – já que a legislação proíbe uso de venenos em pássaros. Quando um centro de distribuição contrata tais empresas, não paga apenas pelo serviço, mas assume também o pagamento de qualquer risco caso aconteça, por exemplo, eventual morte dos falcões.

A partir da definição de Padoveze e Taranto (2009), podemos dividir os métodos de orçamento da receita em dois: estatísticos e discricionários. Vejamos a seguir.

Projeção da receita: métodos estatísticos

Esse método busca usar ferramentas estatísticas, como correlação e análise vetorial, análise de tendências (como regressão linear), pesquisa de mercado, *market share*.

Por exemplo, segundo estudos do Instituto Aço Brasil, o consumo *per capita* de aço está correlacionado a indicadores internos, como crescimento econômico brasileiro e taxa de urbanização da população, e indicadores externos, como crescimento econômico chinês. Dessa forma, as empresas podem estimar seu orçamento de receita por meio de dados econômicos brasileiros, extraídos, por exemplo, do Banco Central e de dados econômicos mundiais do Fundo Monetário Internacional (FMI).

A projeção da receita por métodos estatísticos é aconselhada para empresas que vendem seus produtos ou serviços para um número considerável de clientes. Isso faz com que a decisão isolada de um cliente não afete o resultado de uma empresa. Enquadram-se aqui supermercados, empresas de transporte público, lojas de *shopping*, serviços de contabilidade e odontologia, hospitais.

ORÇAMENTO DA RECEITA

Indica-se também para empresas que têm dificuldade de saber o que vão vender. Isso acontece em empresas que trabalham por encomenda ou têm alta complexidade de produtos e serviços. Tente imaginar uma siderurgia, uma fabricante de móveis sob medida, uma farmácia de manipulação ou um laboratório de análises. Nesses casos, a empresa deve tentar definir uma unidade mais abrangente e o *ticket* médio da unidade. Por exemplo, em vez de a siderúrgica estimar para o período orçado cada um dos seus produtos, suas especificações e o preço de cada um deles, ela estimará quantas toneladas espera vender e o preço médio da tonelada.

Como a empresa precisa estabelecer algum método matemático de previsão da quantidade projetada de vendas, e como a quantidade de clientes é alta, é necessário identificar se existe uma relação entre o comportamento da receita e o comportamento de outras variáveis passíveis de serem projetadas. Na estatística, isso se chama regressão linear. Não é objetivo deste livro detalhar conhecimento estatístico, mas apresentar ao leitor uma técnica.

Para exemplificar, vamos supor que os gestores de uma empresa suspeitem que há correlação entre o crescimento da quantidade vendida, o PIB e o investimento em marketing, conforme demonstrado na tabela 3.

Tabela 3
Dados de 2005 a 2016

	2005	2006	2007	2008	2009	2010	2011	2012	2013	2014	2015	2016
Taxa de crescimento do PIB (%)	3,10	4,00	6,00	5,00	-0,20	7,60	3,90	1,90	3,00	0,10	-3,10	-3,60
Investimento em marketing ($ mil)	200	230	250	200	250	300	160	160	220	200	160	140
Taxa de crescimento das vendas (%)	2,00	3,00	6,00	4,00	3,00	6,00	2,00	0,50	4,00	1,00	0,00	-1,00

Para poder fazer a análise, sugere-se usar um número grande de observações – no exemplo, utilizamos 12 anos (de 2005 a 2016). Analisando graficamente, temos:

Figura 5
Dados 2005 a 2016

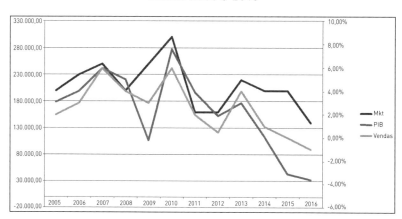

Por meio de modelos estatísticos (regressão linear múltipla) que podem ser feitos em uma planilha de Excel ou em programas como Eviews, chegaríamos à seguinte fórmula:

Crescimento projetado de vendas = 0,00000024127 ×
(valor projetado em campanha de marketing) + 0,3826869
× taxa de crescimento projetada do PIB – 0,0338826

Como os sinais do investimento em marketing e taxa de crescimento do PIB são positivos, evidencia-se que têm uma correlação positiva com o crescimento das vendas.

Imaginemos agora que, segundo o Banco Central, a projeção do PIB para 2017 está em +0,50% e que a empresa planeja investir $ 200 mil em campanha de marketing. Teríamos o seguinte valor:

Crescimento projetado de vendas = (0,00000024127 ×
$ 200.000,00) + (0,3826869 × 0,50%) – 0,0338826.
Crescimento projetado das vendas seria igual a 1,628%

Ou seja, caso a empresa tenha vendido no período imediatamente anterior ao orçado 20 mil unidades, estimará vender 20.326 unidades [20.000 × (1 + 0,01628)].

Para analisar o grau de aderência, ou seja, de assertividade do modelo, a estatística usa o coeficiente de correlação. Para o exemplo apresentado, ele é 95,34% (quanto mais próximo de 1 ou 100%, mais o ajuste da regressão é perfeito).

Com a taxa de crescimento da quantidade vendida definida, a empresa deve saber distribuir mês a mês. Para o exemplo, usaremos o histórico dos últimos três anos para poder estimar o período orçado partindo da premissa de que o comportamento médio será mantido. Isso permite considerar as possíveis sazonalidades. Veja a tabela 4.

Na prática, a empresa deve analisar seu portfólio de produtos e serviços, bem como tendências mercadológicas para inferir qualquer mudança relevante que possa acontecer.

Tabela 4
Percentual médio das vendas mês a mês

	2014	2015	2016	Média
Janeiro	10,00	11,00	12,00	11,00
Fevereiro	10,00	11,00	11,00	10,67
Março	9,00	8,00	9,00	8,67
Abril	8,00	9,00	9,00	8,67
Maio	7,00	7,00	6,00	6,67
Junho	6,00	6,00	6,00	6,00
Julho	5,00	5,00	6,00	5,33
Agosto	8,00	5,00	6,00	6,33
Setembro	8,00	7,00	7,00	7,33
Outubro	8,00	8,00	8,00	8,00
Novembro	10,00	11,00	9,00	10,00
Dezembro	11,00	12,00	11,00	11,33
Total	100,00	100,00	100,00	100,00

Logo, para a previsão da quantidade vendida de 20.326 unidades distribuídas na média calculada acima, teríamos o que é apresentado na tabela 5.

Tabela 5
Distribuição das vendas pelo percentual médio

	Média (%)	Projeção (unid.)
Janeiro	11,00	2.236
Fevereiro	10,67	2.168
Março	8,67	1.762
Abril	8,67	1.762
Maio	6,67	1.355
Junho	6,00	1.220
Julho	5,33	1.084
Agosto	6,33	1.287
Setembro	7,33	1.491
Outubro	8,00	1.626
Novembro	10,00	2.033
Dezembro	11,33	2.304
Total	100,00	20.326

Cada empresa poderá fazer essas estimativas da maneira como achar conveniente e assertivo. Algumas conseguirão abrir seus produtos descrevendo um a um o comportamento das vendas. Outras agruparão por família de produtos. Já outras, como supermercados, calcularão a quantidade como um todo, não destrinchando se é arroz, leite ou azeite.

Após fazer o orçamento de vendas, falta calcular a receita a partir da estimativa do preço de venda. Para as empresas que calculam a quantidade produto por produto, deve ser orçado o preço de cada um deles, individualmente. No caso do supermercado, em que todos os produtos serão agrupados dentro de uma mesma variável (quantidade), será calculado o *ticket* médio.

Caso a previsibilidade do comportamento dos preços seja boa (por exemplo, os preços não têm alta variabilidade ou os ajustes de preço são definidos por indexadores), basta multiplicar o preço projetado pela quantidade orçada.

No caso de a empresa não ter qualquer gerência sobre o preço de venda (por diversos fatores, como o preço ser definido por meio

ORÇAMENTO DA RECEITA

de flutuação da Bolsa, como acontece com a saca da soja ou café, ou porque o mercado é imprevisível), recomenda-se projetar o preço de forma conservadora – para garantir a sobrevivência da empresa em um cenário ruim.

Por exemplo, uma empresa pode estipular que, em seu pior cenário, não haverá reajuste de preço para o ano orçado. Se no ano orçado o reajuste não for possível, a receita orçada estará garantida e os limites de gastos predefinidos serão mantidos. Caso consiga reajustar, a receita orçada será maior e a empresa poderá aproveitar as oportunidades geradas por um cenário melhor.

Para a projeção da receita, na tabela 6 utilizamos o *ticket* médio de $ 10,00 por unidade, com reajustes de 4,00% em abril e outubro.

Tabela 6
Projeção da receita pelo *ticket* médio

	Quantidade projetada (unidades)	Ticket *médio* ($/unidade)	Receita projetada ($)
Janeiro	2.236	10,00	22.358,26
Fevereiro	2.168	10,00	21.680,74
Março	1.762	10,00	17.615,60
Abril	1.762	10,40	18.320,23
Maio	1.355	10,40	14.092,48
Junho	1.220	10,40	12.683,23
Julho	1.084	10,40	11.273,99
Agosto	1.287	10,40	13.387,86
Setembro	1.491	10,40	15.501,73
Outubro	1.626	10,82	17.587,42
Novembro	2.033	10,82	21.984,27
Dezembro	2.304	10,82	24.915,51
Total	20.326		211.401,32

ORÇAMENTO E CONTROLE

Projeção da receita: método discricionário

O método discricionário é aquele baseado no julgamento de pessoas. Como não é um modelo matemático, acaba sendo mais subjetivo e depende da experiência das pessoas envolvidas no processo de geração da receita. Padoveze e Taranto (2009) o subdividem em dois tipos:

- Método de coleta de dados das fontes de origem das vendas, que busca informações vindas diretamente daqueles que realizam o processo de vendas. Pode ser feita por meio de entrevistas com a equipe de vendas e gerentes de cada filial ou por meio de informações obtidas com cada ponto de venda do varejo e, se for o caso, franqueadas, concessionárias, entre outros.
- Método de uso final do produto, que busca maior integração com os clientes para saber como serão suas vendas. Quanto mais parceiras forem as empresas da mesma cadeia de valor, mais haverá trocas de informações. Isso é bastante praticado em cadeias de fornecimentos (*supply chain*) e terceirizações (*outsourcing*). Assim, uma indústria fornecedora de ar-condicionado pode obter informações preciosas com a indústria automotiva, da mesma forma que uma empresa de serviços de limpeza pode prever melhor sua receita sabendo como o segmento hoteleiro irá se comportar.

Esse método é mais indicado para empresas que vendem para um número reduzido de clientes. A decisão isolada de um cliente deixar de comprar da empresa afeta o resultado desta última. Enquadram-se aqui empresas que possuem produtos e serviços mais especializados, que atendem poucos clientes, como uma fornecedora de autopeças que venda para poucas empresas do setor automotivo ou empresas do setor petrolífero brasileiro, que concentram a maior parte de sua receita na Petrobras.

Por ser mais subjetivo, esse método requer que a empresa tenha alguns cuidados. Na verdade, o leitor deve ter ideia de que gestão não é apenas tomar decisões, mas saber quais são os riscos dessas decisões no resultado. Esse é um ponto importante quando entramos no mundo da gestão. Não existe uma receita de bolo dizendo o que você deve fazer, mas, sim, ao escolher um caminho, quais são os riscos assumidos e qual é a capacidade da empresa de lidar com as incertezas.

Quanto maior a imprevisibilidade da receita, mais conservadora a estimativa deveria ser. Esse conservadorismo depende também da saúde financeira da empresa. Quanto menos recursos tiver disponíveis, mais conservadora terá de ser sua projeção. Caso ela não seja conservadora, estimará uma receita que pode ocorrer ou não. Caso ocorra abaixo da estimativa, não terá recursos suficientes para cumprir com as obrigações.

Por outro lado, caso haja folga financeira, a empresa pode estimar a receita de forma um pouco menos conservadora. A Apple era a maior empresa do mundo em valor de mercado no final de 2015. Possuía, naquele momento, incluindo caixa e aplicações financeiras de curto e longo prazos, mais de US$ 200 bilhões. Isso lhe dá um fôlego para "apostar" maior do que o de outras empresas. Ela pode projetar suas vendas em um cenário menos conservador e assumir compromissos de custos e investimentos baseados nesse cenário. Caso aconteça algo ruim, como mau desempenho das vendas de alguns de seus produtos, a empresa terá condições de honrar os compromissos assumidos usando suas reservas financeiras para realizar seu plano estratégico – esse, sim, o verdadeiro objetivo do orçamento.

Para exemplificar, vamos imaginar uma prestadora de serviços que faça consultoria para um grupo pequeno de empresas. Nos

ORÇAMENTO E CONTROLE

últimos seis anos apresentou este volume de receita, já ajustado pela inflação (tabela 7).

Tabela 7
Volume das receitas de seis anos

Ano	$
Ano 1	6.000.000
Ano 2	7.000.000
Ano 3	7.200.000
Ano 4	6.500.000
Ano 5	6.200.000
Ano 6	6.500.000

A empresa deseja fazer o orçamento para o ano seguinte, e seus analistas consideram que será um ano bom, visto que os clientes sinalizaram positivamente e há conversas avançadas para novos clientes. Entretanto, por conta de investimentos iniciados no final do ano 4, a empresa não possui folga financeira.

Conversando com a equipe de vendas, estimou-se que o ano que vem pode ser promissor, com receita que pode chegar a $ 7 milhões. Entretanto, isso só ocorreu duas vezes nos últimos seis anos e a última vez foi há quatro anos.

Por conta disso, a equipe orçamentária, frente à realidade financeira, pode estimar, por exemplo, obter receita de $ 6,2 milhões – o que implica aspectos positivos e negativos.

O lado positivo é se precaver. Como são pequenas as chances de o orçamento ficar abaixo desse valor, a empresa garantirá retorno aos investidores porque todo o orçamento dos gastos estará limitado a esse valor. Se a empresa vender acima disso, poderá promover autorização de novos gastos.

O aspecto negativo é essa limitação do orçamento de gastos. A restrição orçamentária fará com que haja menos gastos com, por exemplo, treinamento e marketing, e pode fazer com que se limitem os gastos em certos investimentos. Caso surja a oportunidade de novos clientes ou o mercado aqueça, pode ser que não haja pessoas suficientes para atender à demanda.

Como foi dito, tudo é uma questão de escolha e riscos. Mas é importante reforçar: não devemos confundir orçamento de receita com meta de vendas. O fato de a equipe orçamentária trabalhar conservadoramente com valor de $ 6,2 milhões não significa que o departamento comercial deva desistir de buscar o valor de $ 7 milhões.

Definido que o orçamento da receita será de $ 6,2 milhões, os gestores devem agora distribuir este valor mensalmente.

Para os clientes atualmente existentes, devemos fazer o levantamento do cronograma de execução das atividades já contratadas. Para aquelas ainda não contratadas, mas esperadas para o ano orçado, podemos fazer estimativa frente ao histórico, conforme foi feito no exemplo do método estatístico.

Projeção da receita pelos métodos estatístico e discricionário

Algumas empresas podem assumir as duas características. Por exemplo, empresa de plano de saúde pode atender ao público geral, que engloba um número grande de clientes, e clientes corporativos, com número menor de clientes. Nesse caso, poderia usar os dois métodos: estatístico para público em geral e discricionário para grandes clientes.

De qualquer maneira, é importante destacar para o leitor que tudo o que foi explicado neste capítulo não é uma imposição que tem de ser seguida. Cada gestor deve encontrar a metodologia que seja mais lógica para seu segmento ou empresa. O que não pode ser é um exercício de adivinhação. As ferramentas orçamentárias existem para criar um bom senso na tomada da decisão, mas muito depende do *know-how* do gestor.

ORÇAMENTO E CONTROLE

Entretanto, o gestor deve apenas ter ideia de que todos os outros orçamentos dependem deste. Se ele for inconsequente no orçamento da receita, a empresa como um todo será prejudicada.

Orçando outros tipos de receitas

Apesar de a projeção da receita operacional ser o principal componente do orçamento da receita, ela não é a única. A empresa também deve orçar receitas provenientes de aplicações financeiras de seu excesso de caixa, dividendos recebidos de coligadas e controladas e eventual venda de ativos imobilizados, entre outros.

Para as receitas financeiras, quando o orçamento de caixa (que será visto mais adiante) indicar uma sobra de recursos, o próprio sistema orçamentário simulará essas aplicações considerando as taxas de juros projetadas quando da preparação do cenário econômico.

Já as eventuais vendas de ativos imobilizados são orçadas pelos seus valores de mercado. Nesse caso, deve-se definir o responsável pela venda e a metodologia da estimativa.

Neste capítulo, foram apresentadas as principais técnicas de projeção das vendas e das receitas. Nele, mostramos as principais técnicas de projeção das vendas que deverão ser usadas em função do tipo de venda da empresa e de seu grau de consolidação financeira. No próximo capítulo, veremos como orçar os gastos.

4
Orçamento dos gastos

Este capítulo demonstra um ponto bastante delicado nas empresas: o orçamento dos gastos. No capítulo 2, vimos que o ponto de partida do orçamento é a meta de rentabilidade desejada pelos acionistas. No capítulo 3, analisamos o orçamento da receita. A diferença entre os dois estabelece o máximo que a empresa pode gastar para viabilizar seus objetivos de curto e longo prazos descritos no planejamento estratégico.

Dessa forma, os gestores devem prever todos os gastos existentes (gastos variáveis em percentual da receita, gastos variáveis unitários e gastos fixos) e analisar se estes estão em consonância com os objetivos empresariais.

Além disso, o orçamento dos gastos lida com um detalhe sensível: requer que cada departamento saiba estimar seus gastos. O problema é que, muitas vezes, se cria um choque entre os objetivos dos investidores e o desejo dos gerentes de cada departamento.

Limites do orçamento dos gastos

O orçamento dos gastos não é apenas uma ferramenta de estimar os gastos para determinado período. Serve, principalmente, para estabelecer os limites necessários para que a empresa seja viável;

afinal, "o bom orçamento deve assegurar a sobrevivência da empresa no pior cenário e ser capaz de aproveitar as oportunidades geradas pelos melhores cenários" (Sá, 2014:139).

Vamos apresentar três exemplos para entendermos como a dinâmica do orçamento dos gastos é complexa.

- Suponhamos que determinada pessoa estime ganhar em um ano $ 100 mil (não há riscos de perder o emprego). Ela deseja economizar, para investimentos futuros, $ 20 mil. Logo, poderá gastar, no máximo, $ 80 mil. Conclusão: fica evidenciado o quanto o orçamento da receita molda o limite dos gastos para o período orçado. A partir disso, serão estabelecidas as prioridades dos gastos.

- Agora, imaginemos que essa mesma pessoa ganhe um bônus extraordinário de $ 7 mil ao longo do período. Essa mudança da receita pode fazer com que novos gastos sejam autorizados, como realizar um treinamento, comprar algum bem para a casa ou fazer uma viagem. Conclusão: o orçamento dos gastos ao longo do período orçado também se moldará a partir de como a receita efetivamente se realizará. A empresa deve estar preparada se um cenário ruim acontecer. Mas se um cenário bom ocorrer, ela deve alocar os recursos de maneira eficiente.

- Vamos supor ainda que você deseje passar um fim de semana no Rio de Janeiro. Lá, ou você ficará em um hotel (cuja diária é $ 200,00) ou alugará apartamento (valor mensal $ 3 mil – não se permite alugar por menos de 30 dias). Qual opção é melhor? Resposta óbvia: iria para um hotel, visto que, para três dias, seria gasto apenas $ 600,00 ($ 200,00 por dia × três dias). O aluguel iria gerar um gasto de $ 3 mil. E se a pergunta fosse: Vamos supor que você deseje passar três meses no Rio de Janeiro. E agora? Qual opção é melhor?

Percebe-se que a resposta muda, pois os gastos com aluguel seriam $ 9 mil ($ 3 mil por mês × três meses) enquanto, para o mesmo período de três meses, os gastos com hotel seriam de $ 18 mil ($ 200,00 por dia vezes 90 dias). Conclusão: a estrutura dos gastos deve estar de acordo com mudanças de cenários e da variabilidade de receita.

Diferentes empresas em diferentes cenários podem recorrer a distintas estratégias orçamentárias para realizar seus objetivos estratégicos. Se a empresa possuir receita com baixa variabilidade, poderá investir em estrutura fixa maior (com maior alavancagem operacional), usufruindo melhor dos ganhos de escala. Já às empresas que possuem receitas com alta variabilidade, sugere-se trabalhar com estrutura fixa menor (com menor alavancagem operacional) e tentar transformar parte de seus gastos fixos em variáveis (por exemplo, a empresa pode trabalhar com salários menores e remuneração atrelada à produtividade).

Métodos de custeio no processo orçamentário

Após as considerações das metas de rentabilidade e do orçamento das vendas, a empresa pode calcular quanto tem à disposição para gastar. Isso faz com que os departamentos tenham de alocar o saldo remanescente de forma eficiente.

Neste livro, será trabalhado o método de custeio variável por entendermos que a separação dos gastos em fixos e variáveis permite maior assertividade ao estudar as variações de custos quando se compara o orçado e o real.

De diferentes métodos de custeio, a contabilidade trabalha principalmente com dois: absorção e variável.

No método absorção, os produtos absorvem tudo o que as empresas gastam, seja de forma direta, ou a partir de um rateio (no caso dos gastos indiretos).

Exemplo: vamos supor que uma empresa apresente a estrutura de gastos da tabela 8.

Tabela 8
Estrutura de gastos

Gasto variável	Produto A	$ 2,00/unidade
	Produto B	$ 4,00/unidade
Gasto fixo	$ 10.000,00 por mês	

Por esse método, para o cálculo do custo unitário, a empresa tem de ratear o gasto fixo aos produtos (estimados, vamos supor, 50% para cada um) e, para diferentes quantidades, distintos custos unitários serão orçados.

Se a empresa fabricar 5 mil unidades de cada produto, o custo unitário do produto A será $ 3,00 por unidade ($ 2,00 da parcela variável mais $ 5 mil do gasto fixo rateado/dividido por 5 mil unidades) e do B seria $ 5,00 por unidade ($ 4,00 da parcela variável mais $ 5 mil do gasto fixo rateado/dividido por 5 mil unidades).

Já se a empresa fabricar 10 mil unidades de cada produto, o custo unitário do produto A seria $ 2,50 por unidade ($ 2,00 da parcela variável mais $ 5 mil do gasto fixo rateado/dividido por 10 mil unidades) e do B seria $ 4,50 por unidade ($ 4,00 da parcela variável mais $ 5 mil do gasto fixo rateado/dividido por 10 mil unidades).

O método de absorção é obrigatório por lei para fins de elaboração e divulgação externa de relatórios contábeis, mas não para fins internos/gerenciais. Mas como o cálculo do custo unitário por esse método "mistura" parcelas que variam conforme a quantidade (gastos variáveis) e parcelas que não variam conforme a quantidade (gastos fixos), o gestor passa a ter dificuldades em saber se as variações de custos ocorreram por uma mudança de quantidade ou se por outros fatores, como maior ou menor eficiência.

Pelo método de custeio variável, só integram o custo unitário dos produtos os gastos variáveis – o gasto fixo é tratado em sua totalidade, não sendo rateado aos produtos –, o que facilita bastante o processo de projeção do orçamento e controle.

Como estamos usando o critério do método variável, teremos o demonstrativo do resultado do exercício (DRE) da tabela 9.

Tabela 9
Demonstrativo do resultado do exercício (DRE)

Receita
(-) Gastos variáveis totais
= Margem de contribuição
(-) Gastos fixos totais
= Lucro operacional

Assim, vamos traçar a seguinte ordem para as estimativas: primeiro, estimam-se os gastos variáveis e, posteriormente, os gastos fixos.

Para os demais gastos, essencialmente fixos, será utilizada a estrutura de apuração e controle de custos por departamentalização, centro de custos ou de responsabilidades.

A seguir, detalharemos cada um dos tipos de gastos.

Orçamento dos gastos variáveis

Os gastos variáveis são aqueles que variam conforme o nível de atividade, seja ligado à produção (custos variáveis) ou à administração (despesas variáveis). Eles podem ser divididos em dois grupos:

- gastos variáveis em função da receita;
- gastos variáveis por unidade.

Gastos variáveis em função da receita

Esses gastos são aqueles que variam tanto em função da quantidade quanto em função do preço de venda.

São os menos gerenciáveis e mais fáceis de ser estimados: impostos são definidos por leis (sejam aqueles definidos primordialmente em função da receita, como imposto sobre serviço (ISS), ou aqueles que incidem sobre o lucro presumido – em que o governo presume o lucro da empresa em função da receita). *Royalties* e comissões de vendas são definidos por contratos ou direitos adquiridos. Taxas de cartões de crédito e débito são definidas por contratos com as operadoras.

Outros gastos podem ser elencados: alguns tipos de fretes de vendas, que são estimados em função da receita; aluguel em função da receita, cobrado dos lojistas por alguns *shoppings*; descontos médios praticados; projeção da provisão de créditos incobráveis, assim como muitos outros gastos.

Uma dificuldade que pode ocorrer é que alguns percentuais sobre a receita dependem de outras variáveis. Por exemplo, vamos supor que a taxa de cartão de crédito seja 4% da receita. Só que esse percentual incide sobre a receita *com* cartão de crédito. Cabe então mensurar quanto das vendas ocorrem com cartão de crédito. Assim, se metade da receita for com cartão de crédito, a taxa efetiva será 2% da receita (4% × 50% da receita). Se 30% da receita forem com cartão de crédito, a taxa efetiva será 1,2% da receita (4% × 30% da receita).

O mesmo acontece na estimativa dos impostos. Como há diversas regras estaduais, municipais, federais, isenções dependendo da região ou setor e especificidades, a empresa deve calcular uma alíquota média dos impostos incidentes sobre vendas.

Um ponto importante é saber que parte desses gastos não se comporta de maneira constante ao longo dos meses. Alterações

ORÇAMENTO DOS GASTOS

podem ocorrer: por exemplo, volume de vendas para outros estados ser maior nos meses de agosto a novembro, maior uso do cartão de crédito no final do ano ou concessão de mais descontos no início do ano.

Gastos variáveis por unidade
(medidos nos produtos e serviços)

Esses gastos são aqueles que variam conforme a quantidade.

Gastos variáveis no comércio

No comércio, não há a necessidade de padronização dos produtos, pois não há transformação – o produto adquirido é exatamente aquele que é vendido. Ou seja, o orçamento de gastos variáveis por unidade está intimamente ligado ao orçamento de compra dos produtos e ao gerenciamento de estoque.

Compreendem o valor adquirido do fornecedor embalagens, a parte variável do frete e qualquer outro gasto que seja, na sua essência, variável, isto é, guardam uma relação linear com a quantidade vendida. Veja na tabela 10.

Tabela 10
Exemplo dos gastos variáveis de uma loja de roupas ($)

	Valor da mercadoria	Frete	Seguro	Total
Bermuda	22,00	2,00	0,10	24,10
Blusa sem manga	14,00	1,00	0,08	15,08
Blusa com manga	17,00	1,00	0,06	18,06
Calça	31,00	2,00	0,10	33,10

ORÇAMENTO E CONTROLE

Como ao longo do ano pode ocorrer mudança dos valores, seja pelo impacto normal da inflação, reajustes previstos contratualmente e processo de negociação, é fundamental que a empresa mensure o impacto nos gastos atrelando ao gerenciamento de estoque.

A contabilidade financeira registra o custo das mercadorias vendidas a partir da seguinte fórmula:

$$Estoque\ inicial + compras - estoque\ final =$$
$$custo\ das\ mercadorias\ vendidas$$

O estoque inicial mais compras mede quantas mercadorias a empresa tem disponíveis para venda. Essas mercadorias ou serão vendidas (custo das mercadorias vendidas) ou permanecerão no estoque (estoque final). Por exemplo, se a empresa tem 6 mil unidades de estoque inicial e adquire 3 mil unidades, passa a dispor de 9 mil unidades para venda. Caso ela não venda 5 mil unidades (estoque final), significa que vendeu 4 mil unidades.

Para o processo orçamentário, a lógica se inverte. Frente a quantas unidades a empresa deseja ter como estoque final mais quantas unidades a empresa estima vender, calcula-se quantas unidades deveriam estar disponíveis. O estoque inicial é o que a empresa já tem; então calcula-se quantas unidades precisarão ser adquiridas. Assim a fórmula será:

$$Estoque\ final + projeção\ de\ vendas - estoque$$
$$inicial = projeção\ de\ compras$$

Por exemplo, se a empresa planeja vender em janeiro 8 mil unidades e deseja ter, no final de janeiro (estoque final) 4 mil unidades, então ela precisa ter um total de 12 mil unidades. Se ela já tiver 2 mil unidades (estoque inicial), então precisará comprar, em janeiro, 10 mil unidades.

ORÇAMENTO DOS GASTOS

Percebe-se a necessidade de a empresa estabelecer sua política de estoque, isto é, estabelecer a frequência com a qual os produtos devem ser adquiridos, qual o estoque mínimo, quantos dias a mercadoria deve ficar parada em estoque, entre outros. Isso deve ser definido frente a uma série de variáveis, como: prazos de entrega dos fornecedores, giro de estoques, plano de reposição dos estoques, capacidade financeira da empresa, sazonalidade das vendas, validade das mercadorias etc.

Por exemplo, se a mercadoria é importada e o tempo para desembaraçá-la na alfândega é alto, a empresa deve ter mais estoques, pois, caso a alfândega atrase em demasia, as vendas não serão afetadas.

Do mesmo modo, se o gestor perceber que haverá repasse aos preços pelo fornecedor em abril, poderá comprar mais unidades em março; se a mercadoria é atrelada ao dólar e espera-se uma desvalorização da moeda americana frente ao real, pode-se optar por comprar menos unidades, mantendo estoque final menor e aguardando que a desvalorização ocorra.

Após projeção de compras, o gestor usará a primeira fórmula (estoque inicial + compras – estoque final = custo das mercadorias vendidas) com o intuito de projetar o custo médio desse estoque.

Para exemplificar, veja a tabela 11, em que a empresa Fictícia tem as estimativas informadas de vendas e estoques.

Tabela 11
Estimativas da empresa Fictícia (unidades)

	Janeiro	Fevereiro	Março
Estoque inicial	10.000	20.000	30.000
Projeção de vendas	60.000	70.000	80.000
Estoque final	20.000	30.000	40.000

Se aplicarmos a fórmula (estoque inicial + projeção de vendas – estoque final = projeção de compras), teremos a projeção de unidades

ORÇAMENTO E CONTROLE

a serem compradas conforme a tabela 12 – lembrando que o estoque final de um período será o estoque inicial do período seguinte.

Tabela 12
Orçamento de compras de mercadorias (unidades)

	Janeiro	Fevereiro	Março
Estoque final	20.000	30.000	40.000
+ Projeção de vendas	60.000	70.000	80.000
= Necessidade de mercadorias no período	80.000	100.000	120.000
(-) Estoque inicial	10.000	20.000	30.000
= Projeção de compras	70.000	80.000	90.000

Com a quantidade estimada projetada, o responsável pelas compras pode negociar com os fornecedores.

Uma metodologia de cálculo a ser trabalhada em planilhas financeiras é manter o custo unitário com preço fixo, já descontados os impostos a recuperar, em uma data base e multiplicá-lo pelo fator de reajuste de preço. Caso a empresa importe o produto, sugere-se multiplicar o fator de reajuste de preços pela previsão de variação cambial. Este fator deve ser estabelecido frente a indicadores macroeconômicos. Veja o exemplo da tabela 13.

Tabela 13
Exemplo de metodologia de cálculo

	Dezembro	Fator de reajuste*		
		Janeiro	Fevereiro	Março
Custo variável unitário	$ 21,00	1,05	1,05	1,10

* Todos os fatores são sobre o preço base de $ 21,00.

Com isso, podemos usar a fórmula:

*Estoque inicial + compras – estoque final =
custo das mercadorias vendidas*

ORÇAMENTO DOS GASTOS

Assim, aplicamos o fator de reajuste conforme tabela 14.

Tabela 14
Orçamento do custo da mercadoria vendida

		Janeiro	Fevereiro	Março
Estoque inicial	unid.	10.000	20.000	30.000
	$/unid.	× 21,00	× 21,92	× 22,02
		= $ 210.000,00	= $ 438.375,00	= $ 660.712,50
+ Projeção de compras	unid.	70.000	80.000	90.000
	$/unid.	× 21,00	× 21,00	× 21,00
		= $ 1.470.000,00	= $ 1.680.000,00	= $ 1.890.000,00
	Fator de ajuste	1,05	1,05	1,10
		= $ 1.543.500,00	= $ 1.764.000,00	= $ 2.079.000,00
= Total		= $ 1.753.500,00	= $ 2.202.375,00	= $ 2.739.712,50
	unid.	÷ 80.000	÷ 100.000	÷ 120.000
	$ médio/unid.	= $ 21,91875	= $ 22,02375	= $ 22,83094
(-) Estoque final (que será o inicial do mês seguinte)	unid.	20.000	30.000	40.000
	$ médio/unid.	× $ 21,91875	× $ 22,02375	× $ 22,83094
		= $ 438.375,00	= $ 660.712,50	= $ 913.237,50
= Custo das mercadorias vendidas	unid.	60.000	70.000	80.000
	$ médio/unid.	× $ 21,91875	× $ 22,02375	× $ 22,83094
		= $ 1.315.125,00	= $ 1.541.662,50	= $ 1.826.475,00

Vale lembrar que a única coisa que o gestor irá imputar são os valores sombreados na tabela apresentada. O restante, o sistema fará automaticamente.

Os valores dos estoques finais irão compor o estoque inicial do mês seguinte, e os valores do custo das mercadorias vendidas irão impactar o DRE projetado. Já a projeção de compras irá impactar o fluxo de caixa conforme programação de pagamento (assunto do capítulo 5).

Gastos variáveis na indústria

Na indústria, o orçamento de gastos variáveis por unidade está intimamente ligado ao orçamento da produção, que envolve pro-

87

ORÇAMENTO E CONTROLE

gramação produtiva, gerenciamento da capacidade disponível, gerenciamento de estoques e orçamento de materiais.

Também há necessidade de padronizar os produtos, especificando em fichas técnicas a descrição completa do produto, os departamentos pelos quais o produto deverá passar e o tempo médio em cada um deles, além de detalhar todos os itens que compõem o produto: gasto com matéria-prima, materiais secundários, percentual de perdas e quebras, consumo de energia elétrica (caso seja medido no produto). Esses são considerados custos diretos aos produtos.

Os materiais secundários, como pregos, cola ou estopa, serão apropriados aos produtos a partir de uma média, visto que normalmente seu valor não é tão significante que compense os custos de apropriá-los de forma exata.

Os gastos indiretos variáveis, como materiais auxiliares, que são necessários ao processo produtivo mas não são incorporados aos produtos finais, como combustível, ferramentas, insumos de proteção aos estoques, bem como materiais para manutenção, lubrificantes etc., normalmente não são medidos nas fichas técnicas dos produtos. Sua orçamentação é realizada pelos departamentos em que são utilizados.

Para exemplificar uma ficha técnica na indústria, tanto dos materiais quanto da força de trabalho, veja a tabela 15 (dados da Confecções Camisas & Camisetas).

Tabela 15
Ficha técnica por produto

	Unidade	Valor unitário	Composição física		Custo unitário	
			Camiseta	Camisa	Camiseta	Camisa
Tecido	Metro	$ 7,00	0,70	0,80	$ 4,90	$ 5,60
Linha	Metro	$ 1,00	1,00	1,50	$ 1,00	$ 1,50
Botão	Unid.	$ 0,20		1,00		$ 0,20
Força de trabalho	Hora	$ 10,00	0,50	1,00	$ 5,00	$ 10,00
Custo unitário dos materiais e força de trabalho					$ 10,90	$ 17,30

ORÇAMENTO DOS GASTOS

Primeiro, a empresa deve fazer o orçamento da produção, isto é, calcular, frente à estimativa de vendas, quantas unidades precisam ser produzidas, utilizando a fórmula:

Estoque final de produtos acabados + projeção de venda – estoque inicial de produtos acabados = projeção do volume de produção

As quantidades a serem fabricadas dos diversos produtos de uma empresa bem como seus estoques finais dependem de uma série de variáveis, como giro de estoques, plano de reposição dos estoques, capacidade operacional e financeira, sazonalidade das vendas, política de estoque mínimo e qualquer risco que o gestor considere válido.

Para o exemplo da Confecções Camisas & Camisetas, é apresentado, na tabela 16, o orçamento do volume a produzir.

Tabela 16
Orçamento do volume a produzir (unidades)

	Camiseta		Camisa	
	Janeiro	Fevereiro	Janeiro	Fevereiro
Estoque final de produtos acabados	1.000	2.000	1.000	3.000
+ Projeção de vendas	2.000	3.000	2.000	3.000
(-) Estoque inicial de produtos acabados	Zero	1.000	1.000	1.000
= Projeção do volume de produção	3.000	4.000	2.000	5.000

Esse volume de produção deve ainda considerar o registro e controle dos estoques em processo.

Para empresas com tempo de produção longo, há necessidade de controle e registro dos produtos em processo. Enquadram-se aqui empresas fabricantes de aviões, navios etc. Para estas, o cálculo deve ser como se segue:

ORÇAMENTO E CONTROLE

Estoque final de produtos em processo + projeção do volume de produção – estoque inicial de produtos em processo = projeção da quantidade de materiais requisitados para a produção

Entretanto, para a maioria das empresas, não há necessidade de fazer o controle do estoque de produtos em processo, pois o ciclo produtivo é baixo. Dessa maneira, o controle dos estoques de produtos em processo se torna desnecessário, tratando-se diretamente da projeção do volume de produção sendo igual à projeção da quantidade de materiais requisitados para a produção.

Com essas informações, a empresa pode realizar o orçamento de materiais, que envolve medir o consumo de materiais, planejar o estoque e compras de materiais e estimar o custo dos mesmos.

Existem dois conceitos que as empresas podem trabalhar: demanda dependente e demanda independente. Vejamos cada um deles.

DEMANDA DEPENDENTE

A demanda dependente visa medir a necessidade dos materiais relacionados com a estrutura dos produtos. Nesse caso, a partir da projeção da quantidade a ser finalizada e da ficha técnica dos produtos, é possível medir o total de custos variáveis unitários a ser consumido, já descontados os impostos a recuperar. Veja este cálculo na tabela 17.

Ou seja, a empresa irá consumir, em janeiro, somando o consumo das camisas mais o das camisetas, um total de 3.700 metros de tecido (2.100 + 1.600), 6 mil metros de linha (3 mil + 3 mil) e 2 mil botões (0 + 2 mil). O total dos custos dos materiais empregados na produção no mês de janeiro será $ 17.700 para as camisetas e mais $ 14.600 para as camisas.

Já em fevereiro, irá consumir um total de 6.800 metros de tecido, 9 mil metros de linha e 5 mil botões. O total dos custos

Tabela 17
Orçamento dos custos de materiais requisitados para a produção

		Valor unitário	Composição (por unid.)	Janeiro	Custo dos materiais no período	Fevereiro	Custo dos materiais no período
Camisetas				3.000 unid.		4.000 unid.	
	Tecido	$ 7,00	0,70 m	2.100 m	$ 14.700	2.800 m	$ 19.600
	Linha	$ 1,00	1,00 m	3.000 m	$ 3.000	4.000 m	$ 4.000
	Total do custo dos materiais no período				$ 17.700		$ 23.600
Camisas				2.000 unid.		5.000 unid.	
	Tecido	$ 7,00	0,80 m	1.600 m	$ 11.200	4.000 m	$ 28.000
	Linha	$ 1,00	1,50 m	3.000 m	$ 3.000	5.000 m	$ 5.000
	Botão	$ 0,20	1,00 bt	2.000 bt	$ 400	5.000 bt	$ 1.000
	Total do custo dos materiais no período				$ 14.600		$ 34.000

dos materiais empregados na produção no mês de fevereiro será de $ 23.600 para as camisetas mais $ 34 mil para as camisas. No caso de apuração pelo método de absorção, para o cálculo do custo dos produtos fabricados esses valores serão somados aos gastos da força de trabalho direta mais os custos indiretos de produção do período.

A empresa agora irá planejar o estoque e compras de materiais, utilizando:

Estoque final de materiais diretos + projeção da quantidade de materiais requisitados para a produção – estoque inicial de materiais diretos = projeção da quantidade a ser adquirida

Isso deve ser feito para cada um dos materiais existentes, levando em conta as políticas de estoques e o gerenciamento de risco, conforme mencionamos no comércio.

Na prática, boa parte desta elaboração será feita por sistemas automáticos de informações, bastando o gestor imputar as informações. Entretanto, o leitor precisa entender o básico dessa dinâmica.

Por exemplo, veja na tabela 18 os estoques iniciais e finais de tecidos da Confecções Camisas & Camisetas.

ORÇAMENTO E CONTROLE

Tabela 18
Estoques iniciais e finais de tecidos

	Janeiro	Fevereiro
Estoque inicial de tecido	1.000 metros	2.000 metros
Estoque final de tecido	2.000 metros	3.000 metros

Assim, a Confecções Camisas & Camisetas poderá mensurar quanto tecido deverá ser adquirido. Veja o demonstrativo na tabela 19.

Tabela 19
Orçamento do volume de compras do tecido

	Janeiro (em metros)	Fevereiro (em metros)
Estoque final de tecido	2.000	3.000
+ Quantidade de tecido demandada na produção	3.700 (2.100 para camisetas e 1.600 para camisas)	6.800 (2.800 para camisetas e 4.000 para camisas)
(-) Estoque inicial de tecido	1.000	2.000
= Quantidade de tecidos a ser adquirida	4.700	7.800

Agora pode-se calcular o gasto de aquisição dos materiais. Caso a empresa compre o tecido, linha e botão por valores diferentes deve trabalhar o custo médio utilizando a lógica do exemplo para comércio. Para simplificar, no exemplo consideraremos que o custo dos materiais será constante ao longo dos meses. O saldo em reais dos estoques inicial e final dos materiais fará parte do balanço patrimonial do início e do final do período. Veja, na tabela 20, o orçamento de compras de materiais.

Isso permite à empresa estimar o volume dos materiais a serem adquiridos e o gasto correspondente. Esse gasto impactará o caixa conforme a política de pagamento das compras.

ORÇAMENTO DOS GASTOS

Tabela 20
Orçamento de compras dos materiais

		Valor unitário ($)	Composição Por unid.	Composição $/unid.	Janeiro Quant.	Janeiro Custo ($)	Fevereiro Quant.	Fevereiro Custo ($)
Camisetas	Tecido	7,00	0,70 m	4,90	2.100 m	14.700	2.800 m	19.600
Camisetas	Linha	1,00	1,00 m	1,00	3.000 m	3.000	4.000 m	4.000
Camisetas	Total			5,90		17.700		23.600
Camisas	Tecido	7,00	0,80 m	5,60	1.600 m	11.200	4.000 m	28.000
Camisas	Linha	1,00	1,50 m	1,50	3.000 m	3.000	5.000 m	7.500
Camisas	Botão	0,20	1,00 bt	0,20	2.000 bt	400	5.000 bt	1.000
Camisas	Total			7,30		14.600		36.500
Total das compras dos recursos						32.300		60.100

DEMANDA INDEPENDENTE

Por conta da complexidade do método de demanda dependente, algumas empresas adotam o conceito da demanda independente. A necessidade de materiais não é atrelada diretamente à estrutura dos produtos. Ou seja, o orçamento da compra dos materiais independe do programa de produção. O orçamento do custo dos materiais, então, é preparado a partir da projeção do valor que essa mercadoria possui em determinado mês – independentemente da gestão dos estoques – com programação de contar com quantidade de materiais suficientes. Na prática, ao longo da execução do orçamento, o custo unitário variável orçado não terá necessariamente o mesmo valor de compra ao longo do ano por conta dos estoques iniciais e finais. Apesar de ser menos preciso, é mais fácil de ser trabalhado pela simplificação existente.

Assim, basta a empresa projetar os gastos variáveis unitários e seus custos de aquisição de cada mês. Veja, na tabela 21, o exemplo.

ORÇAMENTO E CONTROLE

Tabela 21
Custos de aquisição de matéria-prima

	Janeiro	Fevereiro	Março	Abril	Maio	Junho	...
Tecido	$ 7,00	$ 7,20	$ 7,20	$ 7,20	$ 7,30	$ 7,30	...
Linha	$ 1,00	$ 1,00	$ 1,05	$ 1,05	$ 1,09	$ 1,09	...

Esses valores irão compor o custo variável unitário dos produtos.

Tanto na demanda dependente quanto na demanda independente, o pressuposto é fazer o orçamento do detalhamento de cada um dos produtos a partir da ficha técnica deles. Entretanto, há algumas empresas em que o orçamento da receita não é feito a partir desse detalhamento. Utilizam-se, para isso, quantidade dos produtos vendidos e *ticket* médio.

Neste caso, o orçamento dos gastos variáveis muda. Por exemplo, na rede *fast-food* Spoleto, o orçamento da receita não é detalhado produto a produto. Os lojistas estimam a receita em função do número de pratos vendidos e *ticket* médio. Por exemplo, o *ticket* médio acima de $ 28,00 é um ótimo indicador.

Entretanto, essa estimativa da receita não permite detalhar quais serão os produtos que serão vendidos, não sendo possível estimar a necessidade de materiais diretos, seus custos, volume adquirido etc.

Para contornar, estimam-se os gastos variáveis unitários como percentual da receita – por exemplo, 40% da receita. Isso permite estimar os gastos para projetar a demonstração do resultado do exercício e, também, possibilita ter uma noção de saída de caixa, que será tema do próximo capítulo.

Apesar de não ser exato, evidenciando que o orçamento não é uma ferramenta de precisão e sim de gestão, permite que se tenha noção dos gastos para avaliar a eficiência. No caso do Spoleto, os gastos variáveis devem ficar entre 32% e 38%. Acima disso, o lojista está tendo desperdícios no momento do processamento (corte, estocagem etc.). Abaixo disso, o franqueador deve se preocupar,

ORÇAMENTO DOS GASTOS

pois pode evidenciar que o franqueado está comprando produtos de outras fontes ou usando menos matéria-prima do que o exigido – o que pode prejudicar a marca.

Gastos variáveis nos serviços

Para as empresas de serviço, a dificuldade do orçamento dos gastos variáveis unitários encontra-se na padronização dos serviços ou atividades. As empresas industriais e comerciais trabalham com menor variabilidade dos gastos variáveis do que as de prestação de serviços. Assim, qualquer variação, por mínima que seja, permite avaliação de desempenho. Já nas empresas de serviço, utiliza-se uma média dos gastos que incluem material de consumo (quando houver e for relevante para ser medido, como em hospitais) e qualquer outro insumo que guarde uma relação direta com a atividade operacional. E o uso da média faz o gestor não ter tanta precisão no controle das variações.

Apesar disso, é fundamental a empresa também criar uma ficha técnica de cada um de seus serviços. Veja na tabela 22 um exemplo de um consultório odontológico.

Tabela 22
Ficha técnica em consultório odontológico

Atividade	Custo médio ($)
Tratamento de canal	12,00
Restaurações	22,00
Tratamento de gengivas (profilaxia)	10,00
Raspagem de tártaro	8,00
Aplicação de flúor	13,00
Próteses removíveis	20,00
Próteses fixas	30,00
Dentaduras	30,00

ORÇAMENTO E CONTROLE

Para os materiais de consumo, deve-se projetar igual ao comércio e à indústria, ou seja, estimar por serviços prestados a média de gastos com materiais e mão de obra.

Orçamento dos gastos variáveis: força de trabalho direta

A força de trabalho direta, por muitos autores tratada como mão de obra direta, é um caso à parte na contabilidade. Muitos autores a consideram como se fosse variável por ser diretamente ligada à produção. Já outros autores defendem como se fosse fixa, pois no Brasil existe o conceito de salário – valor a ser pago aos funcionários independentemente da quantidade produzida.

Tanto na indústria quanto em empresas de serviço, é fundamental, na padronização dos produtos ou serviços, medir o tempo necessário para a força de trabalho envolvida diretamente na produção ou execução. Cada departamento ligado à produção deve fazer as estimativas do tempo demandado nos produtos e serviços. Isso permite que a empresa dimensione qual será a equipe necessária para o período orçado. Essa informação ajuda na programação de contratação e demissão, bem como na programação das férias dos funcionários.

No exemplo da indústria de Confecções Camisas & Camisetas, do item anterior, estimou-se uma ficha técnica com a força de trabalho direta e também o volume de produção, conforme tabela 23.

Tabela 23
Ficha técnica por produto

	Unidade	Valor unitário	Composição física		Custo unitário	
			Camiseta	Camisa	Camiseta	Camisa
Força de trabalho*	Hora	$ 10,00	0,50	1,00	$ 5,00	$ 10,00

* Valor hora da força de trabalho já incluídos os encargos sociais.

96

Na tabela 24 temos o volume a produzir.

Tabela 24
Orçamento do volume a produzir (unidades)

	Camiseta		Camisa	
	Janeiro	Fevereiro	Janeiro	Fevereiro
Projeção do volume de produção no período	3.000	4.000	2.000	5.000

Assim, é possível calcular a quantidade de horas de trabalho e o valor total da folha de pagamento, conforme a tabela 25.

Tabela 25
Custo da mão de obra

		Quantidade a produzir	Força de trabalho por unidade	Total de horas	Valor unitário por hora ($)	Total ($)
Camisetas	Janeiro	3.000	0,50	1.500	10,00	15.000,00
	Fevereiro	4.000	0,50	2.000	10,00	20.000,00
	Total de camisetas			3.500		35.000,00
Camisas	Janeiro	2.000	1,00	2.000	10,00	20.000,00
	Fevereiro	5.000	1,00	5.000	10,00	50.000,00
	Total de camisas			7.000		70.000,00

Este cálculo é importante tanto para a estimativa do custo unitário do produto quanto para a gestão da força de trabalho no período do orçamento.

Outras questões com relação à força de trabalho implicam o cálculo do que efetivamente vai ser gasto. A forma de contratação é uma delas. Por exemplo, tanto uma fábrica de TVs quanto um hospital devem estimar quanto tempo seus funcionários gastam para produzir uma TV ou o médico realizar uma operação – ambos são mão de obra ou força de trabalho direta. Entretanto, é comum o funcionário da fábrica de TVs receber um salário fixo independentemente da produção e o médico receber um salário baixo (gasto fixo) e um adicional por procedimento cirúrgico realizado (gasto variável).

Portanto, as empresas devem separar de forma precisa o que será gasto variável (que está contemplado na ficha técnica dos produtos e serviços) e o que serão gastos fixos.

Tal separação é fundamental porque é importante calcular a margem de contribuição de cada produto ou serviço. Esta será o resultado da receita menos os gastos variáveis em função da receita e menos os gastos variáveis unitários, ou seja, os gastos variáveis que possuem comportamento padrão de consumo apresentado na ficha técnica. A margem de contribuição dos produtos ou serviços deve ser suficiente para cobrir os gastos de todos os centros de custos da empresa.

No item seguinte, iremos estimar todos os demais gastos envolvidos, de todos os centros de custos.

Orçamento dos gastos dos centros de custos

Após a projeção dos gastos variáveis ligados diretamente ao produto ou serviço, a empresa deve fazer o levantamento dos gastos fixos – correlacionados aos centros de responsabilidades –, sejam ligados à produção (custos) ou à administração (despesas).

Centro de responsabilidades é qualquer divisão, setor ou departamento chefiado por um gestor, que é responsável pelos seus gastos e atividades. Existem na literatura diversos tipos de centros de responsabilidade, destacando-se: centros de custos, centros de receita, centros de investimentos e centros de lucro.

Neste livro será usado o conceito de centro de custos, isto é, centro de responsabilidades em que os funcionários controlam custos.

Com relação aos gastos variáveis, é importante reforçar para o leitor que, na indústria e em serviços, alguns gastos variáveis são necessários ao processo produtivo, mas não são incorporados aos produtos finais: combustível, ferramentas, insumos de proteção aos estoques, bem como materiais para manutenção, lubrificantes etc. Sua orçamentação é realizada pelos departamentos em que são utilizados. Alguns desses podem ser classificados como semivariáveis, isto é, apesar de variarem em função do volume de produção ou vendas, não o fazem na mesma proporção. Para efeito do orçamento, o responsável pelo centro de custos estima um valor fixo para o período do orçamento.

Com relação aos gastos fixos, é importante que sejam estimados de acordo com suas características comportamentais. São assim definidos aqueles gastos que serão fixos até determinado nível de capacidade. Segundo Anthony e Govindarajn (2001) podemos dividi-los em três grupos:

- Gastos fixos comprometidos: são aqueles ligados à estrutura da empresa como um todo, produtiva ou administrativa. O valor tende a permanecer inalterado durante o exercício – a não ser que ocorram eventuais aumentos inesperados. Exemplos: aluguel dos imóveis, depreciação do imóvel, manutenção predial, entre outros. São de responsabilidade da alta gerência e os departamentos apenas usufruem dessas instalações.

- Gastos fixos padrão: são aqueles que possuem correlação com o resultado obtido, sendo possível medir sua eficiência. Exemplo: se a programação produtiva for de 2.400 horas por mês e se cada funcionário trabalha efetivamente, em média, seis horas por dia e 20 dias por mês, isso irá requerer 20 funcionários trabalhando diretamente no departamento – podendo ser estimados os gastos com salários, encargos, possíveis aumentos salariais, estimativa de demissões, programação de férias. Esse padrão é mais plausível de ser criado nos departamentos dos processos produtivo e comercial, e os gastos se comportarão de acordo com a capacidade produtiva e de vendas desejada pela empresa, mas não se enquadrariam como gastos variáveis, pois seu comportamento não é proporcional à quantidade.

- Gastos fixos discricionários: são aqueles que não possuem uma correlação do gasto fixo com os resultados obtidos – normalmente são referentes aos departamentos administrativos. Exemplos: despesas com publicidade, treinamento, consultoria, entre outras. Como não é possível medir a eficiência destes gastos, é importante que o gestor saiba se os objetivos desejados foram alcançados. Desse modo, a estimativa dos gastos depende do julgamento das pessoas envolvidas em cada departamento. O comportamento destes gastos não está correlacionado à capacidade produtiva e de vendas da empresa, e, sim, à capacidade do departamento específico frente aos objetivos traçados para ele. Tente, leitor, imaginar o seguinte: será que, se o nível de produção e o de vendas caírem, os departamentos administrativos terão de gastar menos? Não necessariamente. Por exemplo, vamos imaginar que uma empresa apresente queda na sua receita e, ao mesmo tempo, uma série de novas regras contábeis e legislações tributárias entrem em vigor. Apesar da queda na receita, pode haver necessidade de novas contratações do departamento contábil porque, com a equipe atual, não é possível se adequar às novas regras.

Agora, não podemos deixar de demonstrar que alguns gastos fixos podem ser estimados em função da receita. Isso acontece em certos gastos fixos em que se deseja criar correlação eficiente entre receita e gastos. Por isso, é comum encontrar notícias como

ORÇAMENTO DOS GASTOS

"As Casas Bahia, maior anunciante do país, vão investir 3% da receita líquida em propaganda após a fusão dos negócios com o Ponto Frio, rede controlada pelo Grupo Pão de Açúcar (GPA)" ou "a Aegis Sciences Corp, que oferece serviços de testes de uso de drogas e outros produtos forenses, informa que gasta 5% da sua receita em treinamento".

Para fins orçamentários, essas despesas serão tratadas como gastos variáveis em função da receita. Entretanto, a execução orçamentária não necessariamente respeitará a correlação com a receita. Exemplo: se as Casas Bahia estimarem que sua receita será de $ 100 milhões, gastará com propaganda $ 3 milhões. Entretanto, esse gasto não será executado em função da receita mensal. A direção pode fazer apenas três campanhas anuais, pode fazer campanhas mensais distribuindo a verba igualmente nos meses, ou qualquer outra forma que o departamento de marketing julgue relevante.

Orçamentação

Para a orçamentação, existem, na literatura, duas abordagens que, ao nosso ver, devem ser equilibradas em busca de um objetivo em comum (Padoveze e Taranto, 2009): orçamento de tendências e orçamento base zero. Vejamos cada um deles.

Orçamento de tendências

Esse orçamento visa utilizar os dados do passado como base para projetar o futuro. Como os gastos do passado são frutos de estruturas já existentes, há forte tendência de que os gastos para o período orçado se reproduzam – obviamente se ajustando aos novos elementos da estrutura organizacional e refinando alguns fatos do passado que não ocorrerão no futuro, ou eventos futuros que ocorrerão sem respaldo no passado.

Existem dois caminhos para ser realizado o orçamento de tendências: de baixo para cima e de cima para baixo.

Se o processo for apenas de cima para baixo – em que a alta gerência impõe quanto cada departamento irá gastar –, irá gerar desmotivação das pessoas envolvidas. Além disso, a alta gerência normalmente não entende detalhadamente o real funcionamento de cada um dos departamentos.

Por outro lado, se for apenas um orçamento de baixo para cima, em que cada departamento apenas comunica à alta gerência quanto deseja gastar, a empresa dificilmente alcançará o lucro desejado. Conforme vai subindo na grandeza do organograma, da menor unidade de centro de custos até a maior, cada responsável de cada centro de custo agregará o montante gasto. Por isso, é importante que cada responsável, no menor nível de decisão, tenha seu próprio orçamento – obviamente considerando o custo e o benefício desse tipo de controle. Entretanto, se a alta gerência não estabelecer um limite, cada gestor pode se motivar a pensar apenas nele, impondo quanto ele deseja gastar frente aos seus objetivos, deixando de lado os objetivos da empresa.

O adequado processo orçamentário deve misturar os dois. Para isso, é fundamental que haja negociações no curso do processo orçamentário, devendo haver revisões nas estimativas iniciais. Como não há imposição e sim entendimento, há maior envolvimento dos diversos centros de custos, o que, invariavelmente, gera maior empenho pessoal no cumprimento das metas.

Além disso, o orçamento mais participativo gera maior troca de informações importantes entre a alta gerência e os departamentos. Com essas informações, evita-se, por exemplo, que a alta gerência estabeleça uma linha de corte igual para todos os departamentos (exemplo, "a presidência estabelece que todos os departamentos

ORÇAMENTO DOS GASTOS

devem cortar seus gastos em 8%") – o que motiva os gestores a embutir excessos na estimativa inicial, prejudicando aqueles que fizeram o orçamento de maneira correta.

Como as negociações são individuais, pode-se chegar à conclusão de que o departamento de marketing deverá ter corte de 15% enquanto o departamento de pesquisa terá aumento de 5% em sua verba.

Apenas no caso de não entendimento nas negociações, os responsáveis pelo alto escalão devem impor ajustes.

Entretanto, é importante esclarecer ao leitor que não usaremos o conceito de centro de custos tradicional da contabilidade, em que um centro de custos é um acumulador de gastos, diretos ou indiretos, associados a uma função produtiva ou administrativa. Utiliza-se o conceito de custos controláveis ou identificados, que são aqueles estimados com relativo grau de realismo e que podem ser atribuídos a algum responsável. E também custos não controláveis ou não identificáveis, que resultam de fatores externos e, portanto, não podem ser atribuídos a algum responsável.

Contabilmente, os custos não controláveis, como não podem ser alocados em nenhum centro de custos por serem comuns a vários, deveriam ser rateados entre todos como forma de medir quanto determinado processo gasta.

Neste livro, não utilizaremos o rateio do gasto fixo. Aplicamos o conceito de *accountability*, ou seja, um gasto só poderá ser alocado ao orçamento de um centro de custos se o responsável desse centro tiver poder de decisão sobre esse gasto. Caso os gastos não possam ser administrados pelo responsável, não podem ser atribuídos a ele.

Por exemplo, vamos supor que a diretoria da produção tenha duas unidades de negócios sob sua gestão (fábrica 1 e fábrica 2). E que cada fábrica tenha quatro departamentos internos (dois produtivos e dois auxiliares). Muitos autores definem que os aluguéis ou gastos com conservação das fábricas deveriam ser rateados pelos respectivos departamentos, visto que são de consumo comum a todos eles. Só que entendemos que os gerentes desses departamentos não possuem gestão sobre aluguel.

Mas quem deveria ser o responsável por esse gasto? Nosso entendimento é de que, gerencialmente, não existem custos não controláveis. Ou seja, o que é não controlável para um departamento pode ser controlável para outro.

No exemplo dos aluguéis e do gasto com conservação, alguém na empresa foi responsável por esses gastos, seja na hora de negociar o contrato, de autorizar o gasto ou na administração do serviço. No exemplo, esses gastos seriam alocados ao centro de custo "diretoria da produção".

De qualquer maneira, podemos traçar a seguinte lógica orçamentária:

- estabelecer o teto dos gastos dos centros de custos frente às condições financeiras da empresa no período orçado;
- realizar o levantamento inicial de quanto cada departamento estima gastar em força de trabalho direta e indireta, consumo de materiais indiretos e despesas gerais para o período orçado;
- desenvolver negociações para encontrar um caminho comum a todos.

Vejamos a seguir, detalhadamente, cada item.

ESTABELECER O TETO DOS GASTOS DOS CENTROS DE CUSTOS FRENTE ÀS CONDIÇÕES FINANCEIRAS DA EMPRESA

O primeiro trabalho é fazer um levantamento de quanto recurso a empresa dispõe para cobrir seus gastos departamentais. Podemos definir a seguinte fórmula:

ORÇAMENTO DOS GASTOS

Orçamento da receita – orçamento dos gastos variáveis –
orçamento dos gastos dos centros de custos = **lucro projetado**

Os que estão marcados em negrito são aqueles que já foram orçados (orçamento da receita e dos gastos variáveis) ou estabelecidos (metas de lucro). O que sobrar será o limite dos gastos dos centros de custos. Esse limite deve ser definido frente ao cenário econômico previsto, saúde financeira desejada, variabilidade de receita, e grau de conservadorismo com o qual se deseja trabalhar.

Por exemplo, a Microsoft fez sua primeira distribuição de dividendos em fevereiro de 2003 – 17 anos após a abertura de capital em 1986. Políticas assim fizeram com que hoje ela tenha mais de US$ 100 bilhões no caixa. Essa folga financeira a torna mais consolidada para poder tomar uma série de decisões, como: ter condições de comprar algum concorrente caso ele lance uma tecnologia que ameace seus negócios, ter recursos para pagar os diversos processos nos quais ela está envolvida, ter condições de manter o investimento em pesquisa e desenvolvimento mesmo que seus produtos deixem de gerar receita, entre outros. Mas é inegável perceber o quanto um determinado objetivo estratégico (no caso da Microsoft, acumular saldo de caixa) faz com que as outras políticas tenham de ser ajustadas.

Uma empresa pode definir que seus gastos departamentais serão iguais à margem de contribuição para o cenário pessimista (no caso, $ 6 milhões), obtendo lucro zero. O lado positivo é que, caso o cenário pessimista ocorra, ela não incorrerá em prejuízos. Por outro lado, caso um cenário melhor ocorra, pode ser que a empresa não esteja preparada para isso. Por exemplo, se as vendas efetivamente forem maiores, pode ser que com o gasto de $ 6 milhões não haja estrutura administrativa para suportar uma demanda maior.

Outra empresa pode estabelecer que os gastos dos centros de custos serão definidos para o cenário realista ($ 7,5 milhões) menos

ORÇAMENTO E CONTROLE

o lucro desejado pelos investidores (vamos supor $ 600 mil), ou seja, $ 6,9 milhões. O lado negativo é que, caso o cenário pessimista ocorra, pode incorrer em prejuízo – por isso essa opção é recomendável para quem tem folga financeira. Entretanto, caso um cenário melhor ocorra, ela estará preparada para usufruir disso. Por exemplo, pode ser que com o gasto de $ 6,9 milhões haja equipe na fábrica preparada para suportar uma produção maior.

Algumas empresas fazem cenários pessimistas e otimistas como forma de poder definir a meta de gastos. Veja na tabela 26 o exemplo de uma empresa que tenha a seguinte previsão de receitas e gastos variáveis.

Tabela 26
Previsão de receitas e gastos variáveis

	Pessimista	Realista	Otimista
Chances de ocorrência (%)	10	85	5
Receita ($)	15.000.000,00	18.000.000,00	20.000.000,00
(-) Gastos variáveis ($)	9.000.000,00	10.500.000,00	12.000.000,00
= Margem de contribuição ($)	6.000.000,00	7.500.000,00	8.000.000,00

Uma empresa pode definir que seus gastos departamentais serão iguais à margem de contribuição para o cenário pessimista (no caso, $ 6 milhões). O lado positivo é que, caso o cenário pessimista ocorra, ela não incorrerá em prejuízos. Por outro lado, caso um cenário melhor ocorra, pode ser que a empresa não esteja preparada para isso. Por exemplo, pode ser que, com o gasto de $ 6 milhões, não haja pessoas suficientes na produção para suportar uma demanda maior.

Outra empresa pode decidir que os gastos dos centros de custos serão definidos para o cenário realista ($ 7,5 milhões) menos o lucro desejado pelos investidores (vamos supor $ 600 mil), ou seja, $ 6,9 milhões. O lado negativo é que, caso o cenário pessimista ocorra, pode ter prejuízo de $ 900 mil – por isso essa opção é recomendável para quem tem folga financeira. Entretanto, caso um cenário melhor ocorra, ela estará preparada para usufruir disso. Por exemplo, pode ser que com o gasto de $ 6,9 milhões haja equipe de vendas preparada para suportar uma venda maior.

O máximo que este livro pode fazer é dar recomendações. Cada empresa pode escolher o caminho que quiser, desde que saiba mapear os benefícios e riscos das escolhas.

REALIZAR O LEVANTAMENTO INICIAL DE QUANTO CADA DEPARTAMENTO ESTIMA GASTAR EM FORÇA DE TRABALHO DIRETA E INDIRETA, CONSUMO DE MATERIAIS INDIRETOS E DESPESAS GERAIS PARA O PERÍODO ORÇADO

Os gastos dos centros de custos são aqueles que podem ser identificados a cada um dos departamentos. São, portanto, de sua responsabilidade as projeções, e os gestores serão avaliados por isso.

Essa etapa é considerada a parte mais trabalhosa do orçamento, pois exige-se que cada centro de custos monte uma peça orçamentária que compreenda:

- Força de trabalho direta e indireta do centro de custos – o gasto com pessoal deve incluir todo tipo de remuneração paga aos funcionários, bem como os encargos incidentes, incluindo férias, 13º salário, alimentação, transporte, planos de saúde e qualquer outro gasto relacionado com pessoas. Pode incluir, ainda, gastos com treinamento e até estimativas de demissões. Aconselha-se detalhar as linhas de gastos para maior controle e especificar o número de funcionários por centro de custos, bem como o número de horas demandado.
- Consumo de materiais indiretos – cada centro de custos deve especificar todo o material indireto usado no processo, como materiais auxiliares, de manutenção, de limpeza, de escritório, entre outros. Obviamente, cada empresa irá

especificar o quanto é interessante fazer esse levantamento item por item.

- Despesas gerais, como energia elétrica, telefone, serviços de terceiros, seguros departamentais, despesas de viagens, consumo de água e material de escritório, depreciação e amortização departamental etc.

Alguns departamentos conseguem fazer estimativas mais claras, pois possuem gastos fixos padrão – em que há uma correlação explícita entre entradas (insumos) e as atividades ou resultados obtidos (saídas). Já outros possuem gastos fixos discricionários – em que não há uma correlação entre entradas (insumos) e as atividades ou resultados obtidos (saídas). Isso faz com que as estimativas de gastos necessitem do julgamento das pessoas envolvidas – o que acaba sendo mais subjetivo – e dependam de quais sejam os objetivos definidos pela alta administração.

Não necessariamente todas as linhas de gastos de um departamento serão iguais às dos outros, da mesma forma que os gastos de diferentes departamentos podem assumir comportamentos diferentes. Por exemplo, no departamento de marketing, o gasto com energia elétrica será considerado fixo por não existir correlação com a quantidade vendida. Já no departamento produtivo, a energia elétrica será semivariável por existir certa correlação entre o gasto de energia e a quantidade produzida.

Além disso, muitas vezes, os departamentos usarão médias para identificar certos gastos mensais. Por exemplo, seria impossível o gestor identificar quanto exatamente será o gasto mensal de material de escritório ou quanto mensalmente um hotel gasta para trocar lâmpadas queimadas. Normalmente, estima-se um valor anual, que é distribuído mensalmente conforme algum critério.

O mesmo vale para estimativas de contingências. Tanto a alta administração, para contingências ligadas à empresa como um todo,

ORÇAMENTO DOS GASTOS

quanto os departamentos, para contingências ligadas especificamente às suas atividades, devem saber estimar os gastos relativos a riscos existentes como a quebra de uma máquina, acidentes de trabalho ou qualquer outro risco que possa afetar o resultado.

Outro exemplo diz respeito a gastos com depreciação (registro da redução do valor dos bens tangíveis, pelo desgaste ou perda de utilidade por uso, ação da natureza ou obsolescência) e amortização (registro da redução do valor de ativos intangíveis pelo reconhecimento da perda do valor do ativo ao longo do tempo). É importante serem estimados os valores a serem depreciados ou amortizados dos atuais ativos e o impacto nos gastos por conta de possíveis aquisições e baixas de ativos durante o período orçado.

Para que as estimativas dos departamentos se tornem mais harmônicas, é importante que o processo orçamentário tenha uma linguagem comum para todos os departamentos. Isso garantirá um norte padronizado a ser seguido. Por exemplo, imagine se cada departamento estabelecesse indicadores diferentes a serem usados nas estimativas! Isso poderia desarmonizar todo o orçamento.

É necessário estabelecer um padrão de possíveis aumentos mensais de alguns dos itens de custo. Por exemplo, quando se projeta o aumento de energia (muitas vezes já definido pela Agência Nacional de Energia Elétrica – Aneel), todos os departamentos devem considerar o mesmo indexador. O mesmo acontece com aumento já programado da remuneração dos funcionários, aumento dos gastos com telecomunicação etc.

Para finalizar, cada departamento, junto com o departamento financeiro, deve estimar como será o cronograma de pagamento desses gastos – por influenciar diretamente o fluxo de caixa da empresa.

ORÇAMENTO E CONTROLE

Desenvolver negociações para encontrar um caminho comum a todos

Esse processo é um dos mais delicados porque significa tentar encontrar um caminho comum entre os objetivos departamentais e os objetivos empresariais. Enquanto a alta gerência tenta alinhar o orçamento de todos os departamentos, os gerentes de cada centro de custos tentam defender sua posição em relação aos gastos necessários para atingir suas metas.

Por conta dessa complexidade e das constantes revisões para adequar o orçamento departamental ao orçamento empresarial, surgiu uma ferramenta orçamentária bastante valiosa que será tratada a seguir: orçamento base zero.

Orçamento base zero

A principal crítica que se faz ao orçamento de tendências é discutir superficialmente a maneira como os centros de custos estão gastando. Isso faz com que a técnica orçamentária de muitos se resuma apenas a usar os gastos do período anterior e indexar com algum valor inflacionário. Ou seja, acaba se tornando um orçamento incremental.

Isso termina por gerar outro problema: cada vez mais a visão incremental afasta o orçamento das decisões estratégicas da empresa.

Por exemplo, na revista *Exame* de novembro de 2016, o consultor Vicente Falconi comenta o seguinte exemplo:

> Falando em custos, vou contar um pequeno caso de um gerente de uma empresa. Esta entrou em um processo violento de redução de custos. Um gerente ficou encarregado de analisar os processos de sua área e propor melhorias. No final do projeto, chegou à conclusão de que sua área não era mais necessária. Sua recompensa: foi promovido a diretor [Falconi, 2016:73].

Obviamente, o gestor do exemplo acima não quis dizer que sua área não era importante, mas, frente a outras prioridades, sua área não era mais necessária.

De forma a corrigir esses erros, muitas empresas passaram a trabalhar o orçamento base zero.

Conforme mencionado no capítulo 1, o orçamento base zero tem como filosofia romper com o passado como forma de não carregar para o período orçado os vícios e ineficiências dos períodos anteriores.

Seu princípio não é discutir apenas se determinado gasto ficará maior ou menor, mas analisar se cada uma das atividades de cada um dos centros de custos é necessária. Ou seja, haveria necessidade de detalhar os objetivos e metas de cada departamento e, a partir disso, relacionar todas as atividades necessárias para que o departamento atinja essas metas – como se o mesmo estivesse sendo criado "do zero". Cada item do orçamento precisa ser explicitamente aprovado, sem que haja referência ao nível de gastos do período anterior.

É uma metodologia que estimula os gerentes de níveis intermediários a avaliar as necessidades operacionais de seus setores e direcionar de forma eficiente a alocação de recursos. Ao mesmo tempo, permite que a alta gerência entenda como as diversas atividades funcionam, priorizando aquelas que mais convergem para os objetivos estratégicos.

A especificação detalhada dos objetivos e metas de cada centro de custos é o alicerce para o orçamento base zero. Com isso, é possível traçar três etapas do orçamento base zero:

- estabelecimento do limiar;
- definição dos pacotes de decisão;
- priorização destes pacotes de decisão.

Vejamos a seguir, detalhadamente, cada item.

O *estabelecimento do limiar* de um departamento é a definição de quais são os gastos mínimos que precisam ser incorridos para atender às exigências legais e realizar as atividades mínimas necessárias para ele funcionar.

Uma empresa que está começando pode trabalhar inicialmente com três unidades: vendas, produção e administração. Assim, o leitor deve listar quais seriam as atividades mínimas para a empresa produzir, vender e ter suas atividades administradas. Deve também avaliar os riscos de cada uma dessas atividades caso operasse nestes níveis mínimos.

Após isso, cada um dos departamentos fará a *definição dos pacotes de decisão*, isto é, um documento que identifica cada uma das atividades, especificando os objetivos, benefícios esperados, riscos existentes caso essa atividade não ocorra, gastos envolvidos, investimentos demandados, ações necessárias para sua execução, medidas de avaliação de desempenho e o responsável.

Essa correlação entre pacote de decisão e gastos envolvidos é fundamental, pois evidencia para o gestor que, caso deseje que algum departamento corte gastos, necessariamente os objetivos atrelados a ele também devem ser revistos.

Cada um desses pacotes de decisão deve ser enquadrado em uma das três categorias a seguir:

- aqueles cuja atividade será mantida ao nível de esforço atual – não há necessidade de melhoria;
- aqueles que podem ser realizados de maneiras diferentes, alocando os esforços de maneira mais eficiente;
- aquelas novas atividades desenvolvidas na busca de melhorias.

Isso permite que a alta gerência possa entender a finalidade de cada atividade, perceber o quanto ela está realmente alinhada com os objetivos estratégicos da empresa e comparar com outras atividades para aprová-la ou não.

Por fim, será feita a *priorização* dos pacotes de decisão. Como as empresas possuem restrição orçamentária, é fundamental que ocorra a avaliação e escalonamento desses pacotes ordenando-os dos mais básicos e essenciais até aqueles em que o gestor de cada centro de custos deve justificar sua necessidade, os recursos necessários para executá-la e os riscos existentes caso a mesma não ocorra.

Cálculo do DRE pelo custeio variável

Para finalizarmos o exemplo da Confecções Camisas & Camisetas, falta a orçamentação dos gastos dos centros de custos, pois já foi realizada a estimativa dos gastos com materiais e com a força de trabalho descrita na ficha técnica dos produtos da empresa.

Sua orçamentação, seja de produção ou administrativa, foi mensurada e aprovada de acordo com as metas estabelecidas de produção e resultado. Para simplificar, trataremos todos esses gastos departamentais como fixos.

A Confecções Camisas & Camisetas está estruturada com vários centros de custos ou responsabilidade nas áreas: de produção (corte, costura, acabamento, controle de qualidade); de administração (administração geral, jurídico, recursos humanos, contabilidade fiscal, contabilidade de custos e orçamento); financeira (tesouraria, contas a receber e cobrança); comercial (vendas, marketing, entrega). A tabela 27 representa o resumo dos gastos de todos os centros de responsabilidades de janeiro e fevereiro. Não ocorreu variação de valores nesse orçamento dos gastos fixos devido ao volume de produção nos dois meses ser de 7 mil unidades, apesar de variarem as quantidades de camisa e camisetas. Os orçamentos de cada centro de custos ou responsabilidade podem ser preparados utilizando o orçamento matricial apresentado no capítulo 1. Com isso, o controle do orçamento será feito pelo gerenciamento matricial dos gastos apresentado no capítulo 6.

ORÇAMENTO E CONTROLE

Tabela 27
Resumo dos gastos dos centros de responsabilidade
de janeiro e fevereiro ($)

Custos e despesas fixas	Centros de custos da produção	Centros de custos administrativos	Centros de custos comerciais	Centros de custos financeiros	Total
Força de trabalho indireta	5.000,00	2.500,00	3.000,00	1.000,00	11.500,00
Suprimentos	500,00	200,00	200,00	100,00	1.000,00
Energia	4.000,00	150,00	100,00	100,00	4.350,00
Manutenção	1.500,00	–	–	–	1.500,00
Depreciação	1.200,00	150,00	100,00	100,00	1.550,00
Seguros	800,00	100,00	100,00	100,00	1.100,00
Outros gastos	3.000,00	1.500,00	1.900,00	600,00	7.000,00
Total dos centros	16.000,00	4.600,00	5.400,00	2.000,00	28.000,00

Estes valores serão utilizados para o cálculo do DRE.

Com o orçamento da receita e dos gastos, podemos elaborar um DRE projetado para verificar a margem de contribuição de cada produto e o resultado da empresa. Devemos destacar que este DRE ainda poderá sofrer alterações tendo em vista o orçamento de investimentos, projetos especiais e orçamento de caixa, que será abordado no próximo capítulo.

Assim, estimamos todos os gastos de Confecções Camisas & Camisetas e, com os dados da receita de vendas apontado na tabela 28, podemos calcular a margem de contribuição de cada produto e o resultado da empresa.

Tabela 28
Estimativa da receita

	Camisetas		Camisas	
	Janeiro	Fevereiro	Janeiro	Fevereiro
Projeção de vendas (unidades)	2.000	3.000	2.000	3.000
Preço de venda ($)	30,00	30,00	40,00	40,00
Orçamento da receita ($)	60.000,00	90.000,00	80.000,00	120.000,00

ORÇAMENTO DOS GASTOS

Ou seja, para janeiro, a receita orçada seria $ 60 mil das camisetas e $ 80 mil das camisas (totalizando $ 140 mil) e, para fevereiro, a receita orçada seria $ 90 mil das camisetas e $ 120 mil das camisas (totalizando $ 210 mil).

A seguir, demonstramos, na tabela 29, os gastos variáveis por produto.

Tabela 29
Gastos variáveis por produtos

Produtos	Camiseta	Camisa
Gastos variáveis atribuídos aos produtos (materiais e força de trabalho)	$ 10,90 = ($ 5,00 + 5,90)	$ 17,30 = ($ 10,00 + 7,30)

Com esses dados, podemos calcular, na tabela 30, o DRE da Confecções Camisas & Camisetas.

Tabela 30
Demonstrativo do resultado do exercício pelo custeio direto

	Janeiro		Fevereiro	
	Camisetas	Camisas	Camisetas	Camisas
Receita	60.000,00	80.000,00	90.000,00	120.000,00
(-) Gastos variáveis	21.800,00 ($ 10,90 × 2.000 unid.)	34.600,00 ($ 17,30 × 2.000 unid.)	32.700,00 ($ 10,90 × 3.000 unid.)	51.900,00 ($ 17,30 × 3.000 unid.)
(=) Margem de contribuição por produto	38.200,00	45.400,00	57.300,00	68.100,00
Margem total	83.600,00		125.400,00	
(-) Gastos fixos dos departamentos	28.000,00		28.000,00	
(=) Resultado	55.600,00		97.400,00	

Dessa forma, podemos analisar a margem de contribuição de cada produto e como eles ajudam a pagar os gastos fixos dos departamentos.

ORÇAMENTO E CONTROLE

Este capítulo teve como objetivo demonstrar como o orçamento dos gastos é trabalhado. Inicialmente, os gastos variáveis, seja em função da receita ou em função da quantidade, devem ser levantados. Por fim, os gastos fixos relativos aos centros de custos devem ser determinados tendo como limite as metas financeiras da entidade, nesse caso utilizando o orçamento base zero.

No próximo capítulo, detalharemos o orçamento de investimentos e o orçamento de caixa.

5
Orçamento de investimentos e financiamentos e orçamento de caixa

Este capítulo visa explicar como o orçamento de investimento e financiamento é detalhado, bem como evidenciar uma das principais peças orçamentárias: o orçamento de caixa.

Neste livro, vamos tratar, junto com o orçamento dos projetos de investimentos, os demais tipos de projetos que as empresas executam no seu cotidiano. Isso se faz necessário tendo em vista que, a partir do ano 2000, as grandes empresas passaram a trabalhar com um setor de gerenciamento de projetos para fazer o planejamento e a execução de todos os tipos de projetos. Assim, temos projetos de investimentos que serão ativados em função da vida útil, visto que irão afetar diversos períodos, como outros projetos que serão lançados como gastos do período, por afetarem apenas um período orçado. Todos os gastos com projetos são precedidos pelo orçamento de cada um deles, que irá afetar o fluxo de caixa da empresa, determinando a necessidade de pagamento dos gastos, investimentos e empréstimos.

Orçamento de investimentos e financiamentos

O orçamento de receita e o orçamento dos gastos permite que a empresa projete grande parte do DRE, como vimos no final do capítulo anterior. Para fazer a projeção final das três peças orçamentárias fundamentais (DRE, fluxo de caixa e balanço patrimonial), é preciso fazer o orçamento dos investimentos e financiamentos, que impacta diretamente a rentabilidade das empresas.

O orçamento de investimentos pode ser dividido em dois:

1) *Investimentos operacionais.* São aqueles realizados para manter determinado nível de atividade. Como são investimentos de menor porte e são relativos à substituição ou reposição de bens atualmente em uso, são de responsabilidade dos gerentes dos departamentos em que são solicitados. Serão considerados aqui alguns projetos especiais. São aqueles que, contabilmente, não são classificados como investimentos de capital e sim gastos do período e, às vezes, não fazem parte das operações cotidianas da empresa. Exemplo: campanhas de novos produtos ou serviços, treinamentos para a aplicação de novas tecnologias, mudança de processos administrativos, transferência das atividades para novo local, projetos de pesquisa, entre outros. Para esses projetos, as grandes empresas possuem equipes especializadas alocadas em um escritório de gerenciamento de projetos especiais. Para cada projeto é escalado um gerente, que será o responsável pela coordenação de todas as atividades. Estes planejam todas as etapas dos projetos, estudam a viabilidade econômica, preparam o orçamento do projeto, acompanham e controlam sua implementação e o finalizam.

2) *Investimentos estratégicos.* Representam investimentos de maior porte, relativos a expansão, ampliação, inovação ou qualquer outro motivo estratégico percebido como relevante no período orçamentário. Podem ser investimentos em outras empresas, investimentos em aplicações de longo

prazo não ligadas diretamente à operação ou para atender a determinada demanda social, como a construção de escola para os filhos dos funcionários. Por serem mais correlacionados ao plano estratégico, a responsabilidade pertence à alta direção.

Já o orçamento dos financiamentos tem a finalidade de estimar toda movimentação das captações realizadas, seja por meio de capital próprio ou capital de terceiros. Devem ser levantados o tipo de captação e a moeda de origem, os custos e riscos envolvidos, impostos incidentes, prazo de carência etc.

Orçamento de caixa

O cálculo do DRE permitirá mensurar um dos itens mais fundamentais: o lucro, essencial para satisfazer os interesses dos acionistas e investidores. Sem ele, a continuidade da empresa fica ameaçada.

Entretanto, as empresas não entram com pedido de falência por falta de lucro e sim por não pagarem suas contas, ou seja, falta de caixa. Entendemos que a falta de lucro é um dos itens que pode contribuir para uma má geração de caixa.

Por exemplo, apesar de o barril de petróleo estar com valor bastante baixo no início de 2016, ninguém está preocupado com o futuro da Petrobras por questões operacionais. Todos estão preocupados se o fluxo de caixa operacional terá capacidade de honrar suas dívidas (mais de $ 500 bilhões até final de 2015 – o que a tornou a segunda empresa de capital aberto mais endividada da América Latina e Estados Unidos, segundo levantamento da provedora de informações financeiras Economatica) e de manter os investimentos demandados pelo pré-sal.

Por isso, o orçamento de caixa é uma das peças fundamentais para direcionar a empresa a alcançar seus objetivos estratégicos.

O fluxo de caixa é dividido em três:

1) *Fluxo de caixa operacional.* Resultado de todas as entradas e saídas relativas às operações, ou seja, recebimento das receitas (política de recebimento) e pagamento dos gastos (política de pagamento). Aqui também acrescentamos os gastos com os projetos especiais, ligados à operação, como citado no item anterior, mas que não são ativados por se tratar de gastos do período. Cada gerente de projeto especial apresenta seu orçamento de caixa para ser incluído no orçamento global da empresa.

2) *Fluxo de caixa da decisão de investimento.* Resultado de todas as entradas e saídas dos investimentos de curto, médio e longo prazos, isto é, há entrada no caixa quando a empresa vende um imobilizado (que tende a ser menos frequente) e a saída ocorre quando a empresa realiza algum investimento (que tende a ser mais frequente).

3) *Fluxo de caixa da decisão de financiamento.* Resultado de todas as entradas e saídas dos financiamentos de curto, médio e longo prazos, ou seja, há entrada no caixa quando a empresa capta dinheiro por meio de capital de terceiros ou capital próprio, e a saída ocorre quando a empresa paga alguma dessas captações, seja amortização financeira, juros ou dividendos.

Apesar de a definição ser simples, empresas normalmente possuem um departamento (tesouraria) apenas para sua gestão. Além disso, sua importância também é demonstrada nos diversos indicadores existentes que tentam demonstrar a saúde financeira. Um dos mais famosos é o *earnings before interest, taxes, depreciation and amortization* (Ebitda), que representa o lucro operacional antes dos impostos e juros e da depreciação e amortização. Visa calcular a capacidade de geração de caixa operacional da empresa. Entretanto, há diversos outros indicadores:

- *Índice de liquidez ou de solvência.* Avalia a capacidade de pagamento da empresa frente a suas obrigações.
- *Índice de falência.* Existem vários estudos de diferentes pesquisadores que tentam medir o risco de uma empresa entrar em processo de falência, principalmente no curto prazo. Um deles chama-se termômetro de Kanitz.
- *Índice do ciclo de caixa.* Resultado do estudo do prazo médio de pagamento, de recebimento e de estocagem. Mede indiretamente a necessidade de capital de giro da empresa e, diretamente, o tempo de descasamento entre pagamentos e recebimentos do ciclo operacional.
- *Capacidade de pagamento de dividendos.* Também chamada de *dividend yield*, mostra o retorno em dividendos frente ao preço da ação. Quanto mais alto esse índice, maior o valor do dividendo pago. Inclusive, a BM&FBovespa tem o índice dividendos (Idiv) com objetivo de medir o comportamento das ações das empresas que se destacaram em termos de remuneração aos investidores sob a forma de dividendos e juros sobre o capital próprio.

Um problema que pode ocorrer é que alguns gestores gostam de focar apenas no resultado econômico (lucro) achando que a geração de caixa é uma consequência natural – o que muitas vezes pode não ser verdade.

Tente, leitor, imaginar uma empresa que quer crescer e, para isso, dilata o prazo de recebimento – passando a vender em 10 vezes

ORÇAMENTO E CONTROLE

sem juros. Pode ser que isso faça suas vendas crescerem 100% e seu lucro aumentar significantemente. Entretanto, muitas empresas não terão fôlego financeiro para pagar todas as obrigações que irão vencer antes do recebimento dessas vendas – daí a importância de medir o índice do ciclo de caixa.

Outro ponto que é bastante complexo é saber que o desempenho dos departamentos, conforme será visto no capítulo 6, é medido por eficácia (mais correlacionado aos departamentos administrativos e de apoio: atingir da melhor forma seus objetivos e metas) ou eficiência (mais correlacionados aos departamentos produtivos: fazer mais com os mesmos recursos ou fazer o mesmo com menos recursos).

Entretanto, raramente essa meta departamental visa atingir determinado objetivo de caixa – até porque tal meta é, muitas vezes, transferida unicamente para o departamento financeiro. Exemplo: caso um dos leitores tivesse a obrigação de pagar o IPTU do ano que vem, como o faria?

Existem diferentes opiniões sobre isso. Alguns vão dizer que, por conta do desconto oferecido, é mais atraente pagar à vista. Outros dirão que, por não terem o dinheiro disponível (ou existirem outras prioridades envolvidas) é mais interessante pagar a prazo.

A questão toda é: no que concerne ao seu dinheiro você o gerencia e, portanto, você escolhe a melhor opção. Entretanto, em uma empresa isso não acontece. O que é o melhor para o resultado de um departamento pode não ser melhor financeiramente para a empresa.

Algumas empresas, para mudar isso, tentam trabalhar com o conceito de banco interno, em que o departamento financeiro empresta recursos para os outros departamentos e estes terão de gerenciar o fluxo de caixa.

É importante também saber distinguir o que seria ter um bom "saldo de caixa" de um bom "saldo do fluxo de caixa". Enquanto o primeiro está correlacionado a quanto efetivamente a empresa tem disponível, o segundo refere-se a qual foi a variação entre as entradas e saídas ocorridas em um período. Assim, a empresa pode ter um caixa excelente, mas este ter diminuído substancialmente entre um ano e outro.

Um dos objetivos do gestor é gerenciar o disponível da entidade e compreender como as decisões gerenciais estão impactando a geração de caixa. Ao longo de um período, podem existir três tipos de empresas:

- *Empresas que mantêm saldo de caixa positivo em todos os meses do ano.* Estas empresas apresentam boa saúde financeira em todos os meses, mesmo em períodos sazonais. Ou seja, pode ser que em alguns meses apresentem saldo de fluxo de caixa negativo, mas o montante de caixa acumulado de meses anteriores cobre tais fluxos. Desse modo, as empresas souberam acumular caixa para cobrir os meses em que o fluxo de caixa é negativo.
- *Empresas que, em alguns meses, apresentam saldo de caixa negativo.* Estas empresas eventualmente necessitam de empréstimos de curto prazo para cobrir alguns meses de saldo de caixa negativo. Apesar de não ser o ideal, se as empresas apresentarem garantias de pagamento aos financiadores, não chegará a ser preocupante, mas os gestores deveriam saber acumular suficiente reserva para evitar esse tipo de empréstimo.
- *Empresas com saldo de caixa negativo.* Este é o pior cenário. Constantemente estas empresas apresentam saldo de caixa negativo por sucessivos meses, tendo fluxo de caixa negativo e necessitando de captação de empréstimo de curto prazo

ORÇAMENTO E CONTROLE

para cobrir tal déficit. Dependendo do histórico de déficits, aumentam a limitação para captação de empréstimos por falta de garantias, tornando-se, então, grandes destruidoras do capital dos proprietários.

Objetivos do orçamento de caixa

O orçamento de caixa possui certo grau de imprecisão se considerarmos que depende dos valores orçados nas demais peças orçamentárias. Existem diversos objetivos, destacando-se:

- Avaliar a capacidade de gerar futuros fluxos de caixa positivos e se os mesmos são suficientes para honrar os compromissos operacionais, financiar os investimentos necessários e pagar os financiadores. É o fluxo de caixa que indicará aos gestores se as pretensões estratégicas realmente podem ser viabilizadas.
- Medir a taxa de conversão de lucro em caixa. O lucro nada mais é do que a sobra de recursos. Receita é entrada de ativo (não necessariamente de caixa) e custos e despesas são saídas de ativo (não necessariamente de caixa). Se a empresa obtém lucro, mas está destruindo caixa, sinaliza que o lucro está impactando outras contas do ativo ou passivo. Por exemplo, se as contas a receber (ativo) aumentarem consideravelmente, significa que o caixa deixou de receber tal valor (provavelmente por existir um prazo de recebimento alto). Já se a conta fornecedores (passivo) diminuir substancialmente, significa que está ocorrendo saída de caixa (provavelmente por existir um prazo de pagamento baixo).
- Medir o grau de precisão em que as estimativas passadas se efetivaram, o que permite que os novos orçamentos sejam mais precisos.

- Analisar o grau de dependência das dívidas de curto prazo. Isso é fundamental para saber se o saldo de caixa estaria já comprometido com o pagamento de dívidas de curto prazo, prejudicando pagamento de gastos operacionais e de investimentos.
- Demonstrar garantias operacionais na concessão de empréstimos. Muitos bancos necessitam analisar o fluxo de caixa projetado da empresa para saber se existem garantias operacionais na concessão de empréstimos.
- Direcionar a empresa para decisões pontuais, como dar descontos para pagamentos à vista ou pagar mais em troca de postergação do pagamento dos gastos.
- Permitir entender se a boa saúde financeira é fruto das atividades operacionais ou se a empresa está tendo de se desfazer de seus ativos de longo prazo para financiar a drenagem de dinheiro.

Métodos do orçamento de caixa

Existem duas formas contábeis de calcular o fluxo de caixa de uma empresa: método direto e método indireto. Vejamos cada um deles.

Método direto

O departamento de tesouraria, por controlar diretamente as entradas e saídas de caixa (inclusive, o fluxo de caixa a curto prazo é analisado dia a dia), projeta o fluxo de caixa pelo método direto analisando as efetivas entradas e saídas. Possui a estrutura apresentada na tabela 31.

ORÇAMENTO E CONTROLE

Tabela 31
Fluxo de caixa: método direto

a) Decisões operacionais
Entradas
(-) Saídas
= Fluxo de caixa operacional
b) Decisões de investimento
Entradas
(-) Saídas
= Fluxo de caixa de investimento
c) Decisões de financiamento
Entradas
(-) Saídas
= Fluxo de financiamento
Fluxo de caixa do período (a + b + c)
+ Saldo inicial de caixa
= Saldo final de caixa

Método indireto

Pelo método indireto, o fluxo de caixa é preparado a partir do DRE e do impacto gerado nas outras contas do balanço patrimonial. Ou seja, o fluxo de caixa é calculado por meio do lucro líquido ajustado pelos efeitos das variações das contas do ativo e passivo. Isso porque qualquer diferimento dos recebimentos ou pagamentos, passados ou futuros, afeta o caixa indiretamente.

Para dar um exemplo simples, vamos supor que uma empresa apresente o balanço da tabela 32.

Tabela 32
Balanço da empresa

Caixa	$ 200.000	Capital social	$ 200.000
Ativo total	$ 200.000	Passivo + PL total	$ 200.000

Vamos supor que a empresa venda $ 300 mil, recebendo 70% à vista, e tenha custos e despesas de $ 200 mil, pagando 50% à vista.

ORÇAMENTO DE INVESTIMENTOS E FINANCIAMENTOS E ORÇAMENTO DE CAIXA

Com essas informações fica fácil fazer o fluxo de caixa pelo método direto e mensurar o resultado da empresa conforme demonstrado na tabela 33.

Tabela 33
Fluxo de caixa (método direto)

Demonstração de resultado		Fluxo de caixa (método direto)		
Receita	$ 300.000	Entradas	$ 210.000	70% de $ 300.000
(-) Custos/despesas	$ 200.000	Saídas	$ 100.000	50% de $ 200.000
Lucro	$ 100.000	Fluxo de caixa	$ 110.000	

A empresa, então, apresentaria o balanço apontado na tabela 34.

Tabela 34
Balanço

Caixa	$ 310.000	Contas a pagar	$ 100.000
Contas a receber	$ 90.000	Capital social	$ 200.000
		Resultado	$ 100.000
Ativo total	$ 400.000	Passivo total	$ 400.000

O método de caixa indireto inicia-se pelo resultado da empresa (no caso, $ 100 mil). Isso significa que, se todas as receitas recebíveis fossem recebidas e todos os gastos desembolsáveis fossem pagos, naquele período o fluxo de caixa deveria ter aumentado $ 100 mil. Entretanto, observamos:

- O contas a receber aumentou em $ 90 mil. Ou seja, como o contas a receber aumentou, o caixa deixou de receber $ 90 mil – foi negativo para a geração de caixa.
- O contas a pagar aumentou em $ 100 mil. Isso significa que, em vez de saírem $ 200 mil do caixa, saíram apenas $ 100 mil – foi positivo para a geração de caixa.

ORÇAMENTO E CONTROLE

Teríamos, então, o resultado visualizado na tabela 35.

Tabela 35
Fluxo de caixa pelo método indireto

Lucro	$ 100.000
(-) Aumento contas a receber	$ 90.000
+ Redução contas a pagar	$ 100.000
Fluxo de caixa	**$ 110.000**

O fluxo de caixa pelo método indireto pode ser apresentado conforme a tabela 36.

Tabela 36
Fluxo de caixa pelo método indireto

Lucro líquido do exercício
+ Depreciação e amortização
+/– Ajustes
= Geração interna de caixa
– Variação no ativo circulante e ativo não circulante (ativo realizável a longo prazo vinculado à operação)
+ Variação no passivo circulante e exigível a longo prazo (passivo não circulante) vinculado à operação
= Fluxo de caixa das atividades operacionais
+/– Fluxo de caixa das atividades de investimentos
+/– Fluxo de caixa das atividades de financiamento
= Fluxo de caixa do período
+ Saldo inicial de caixa
= Saldo final de caixa

Vamos detalhar, a seguir, as três partes do fluxo de caixa indireto apresentado no quadro 12.

Primeira parte: fluxo de caixa das atividades operacionais
Nessa primeira parte, faz-se a conciliação entre o lucro líquido e o caixa gerado pela operação. O fluxo de caixa das atividades operacionais é composto conforme demonstrado na tabela 37.

Tabela 37
Fluxo de caixa das atividades operacionais

Lucro líquido do exercício
+ Depreciação e amortização
+/– Ajustes
= Geração interna de caixa
– Variação no ativo circulante e ativo não circulante (ativo realizável a longo prazo vinculado à operação)
+ Variação no passivo circulante e exigível a longo prazo (passivo não circulante) vinculado à operação
= Fluxo de caixa das atividades operacionais

A geração interna de caixa é o ajuste do lucro líquido expurgando lançamentos que afetam o lucro líquido, mas que não têm efeito no caixa, como depreciação e amortização e lançamentos que, apesar de afetarem o caixa, não pertencem às atividades operacionais, como o resultado da venda de um imobilizado.

Em seguida, é preciso estudar como as outras contas do ativo e passivo se comportarão para medir o impacto no fluxo de caixa:

1) Somar todas as reduções e diminuir todos os aumentos nos saldos das contas do ativo circulante (não incluído o disponível) e ativo não circulante (apenas o ativo realizável a longo prazo) vinculados à operação, observando que:

    a) a redução nas contas do ativo impacta positivamente, pois o recurso que deveria ter saído do caixa acabou afetando negativamente outras contas do ativo. Já o aumento das contas do ativo impacta negativamente o caixa porque aquele recurso que deveria ter entrado no caixa ficou alocado em outra conta;

    b) as contas do ativo não circulante não devem incluir as contas vinculadas à decisão de investimento (como investimentos a longo prazo, imobilizado, investimentos e intangível). Trata-se apenas do ativo realizável a longo prazo ligado à operação.

2) Somar todos os aumentos e diminuir todas as reduções nos saldos das contas do passivo circulante (não incluindo empréstimos a curto prazo) e passivo não circulante (exigível a longo prazo) vinculados à operação, observando que:

   a) o aumento nas contas do passivo mostra que o caixa deixou de desembolsar aquele valor (por isso é positivo para o caixa). Já a redução das contas do passivo impacta negativamente o caixa porque aquele recurso foi desembolsado;

   b) as contas do passivo não circulante não devem incluir as contas vinculadas à decisão de financiamento (como as contas de empréstimos). Trata-se apenas do exigível a longo prazo ligado à operação.

Segunda parte: fluxo de caixa das atividades de investimentos
Na segunda parte, o gestor irá medir o impacto nas contas de ativo circulante e ativo não circulante vinculadas à decisão de investimentos. Assim, por exemplo, caso a empresa faça um investimento de longo prazo ou compre uma máquina, isso aumentará as respectivas contas de realizável a longo prazo e imobilizado – representando retirada de recursos do caixa.

Da mesma forma, quaisquer reduções das contas enquadradas nesse item representam liberação de recursos para o fluxo de caixa.

Esse fluxo de caixa deve medir também o impacto nas contas de investimentos de curto prazo que não se enquadrem como equivalentes de caixa, ou seja, que não têm liquidez imediata.

Terceira parte: fluxo de caixa das atividades de financiamento
Na terceira parte, o gestor irá medir o impacto nas contas de passivo circulante e passivo não circulante e patrimônio líquido vinculadas à decisão de financiamento. Assim, por exemplo, caso a empresa capte empréstimo, de curto ou longo prazo, com terceiros ou com

sócios, aumentará a conta do passivo – representando ingresso de recursos do caixa.

Da mesma forma, quaisquer reduções das contas enquadradas nesse item representam retirada de recursos para o fluxo de caixa, como pagamento de dividendos e amortização de dívidas com investidores.

Projetando o orçamento de caixa

Muitas empresas podem fazer os orçamentos de receita, de gastos, de investimentos e de financiamentos para depois consolidá-los no orçamento de caixa. Entretanto, por limitações financeiras, muitas vezes isso não é possível.

Assim, caso a empresa estime ter deficiências de caixa, recomenda-se fazer primeiro o orçamento de caixa, prevendo apenas o orçamento das receitas, dos gastos e dos investimentos considerados prioritários, bem como os financiamentos considerados estratégicos.

Durante esse processo, já é possível a empresa prever problemas que podem surgir por conta, por exemplo, de um descompasso nas políticas de recebimento, pagamentos e estocagem (ciclo de caixa).

Após isso, a empresa pode avaliar a viabilidade da realização dos outros investimentos. Estes podem ser eliminados, postergados ou ter escopo reduzido. Tudo dependerá da análise de viabilidade dos investimentos e das fontes de financiamentos disponíveis.

Por fim, é necessário estimar todas as receitas e despesas financeiras consequentes dos investimentos das sobras de caixa e dos juros dos empréstimos realizados. Como é inviável calcular o resultado financeiro diariamente, normalmente utilizam-se apenas os saldos de investimentos e financiamentos em periodicidade mensal ou trabalha-se com saldo médio de investimentos e financiamentos.

Este capítulo, leitor, teve por objetivo mostrar o orçamento dos investimentos e financiamentos, bem como detalhar o orçamento de caixa – fundamental para apurar a capacidade de pagamento das empresas.

Muitas vezes, os gestores estudam a melhor forma de precificar os produtos e serviços, maneiras para vender mais ou modos de gastar menos, objetivando unicamente o aumento do lucro. Entretanto, muitos se esquecem de toda a gestão existente nas entradas e saídas de caixa – e o descontrole disso pode fazer com que a empresa quebre.

O DRE apresentado no capítulo anterior levou em consideração somente as receitas e os gastos operacionais para uma análise da margem de cada produto e o resultado operacional direto. O DRE projetado final da empresa deve ser atualizado com os dados do orçamento dos investimentos e financiamentos que vimos neste capítulo.

O balanço patrimonial projetado é consequência natural de todos os orçamentos previamente estudados – por isso sugerimos que o leitor veja o exemplo que apresentamos no apêndice como forma de entender a interação entre as peças orçamentárias.

No próximo capítulo, vamos detalhar o controle orçamentário por meio do orçamento flexível, gerenciamento matricial de despesas e orçamento matricial, pois o orçamento não se autoexecuta e, portanto, precisa ser acompanhado e controlado.

6
O controle orçamentário

Este capítulo visa mostrar que só se gerencia aquilo que se controla. Apenas quando houver percepção de que alguma coisa não está se comportando da maneira como deveria, haverá possibilidade de corrigir as falhas, tornando as tomadas de decisões mais assertivas.

Ou seja, ao fazer o planejamento, a empresa deve buscar sistemas informacionais que detectem quando algo do plano está sendo desviado, entender o porquê disso e direcionar para que o problema seja corrigido.

Será explicado, leitor, como diferentes centros de custos devem ser avaliados, como é o funcionamento do orçamento flexível para controlar o comportamento dos gastos variáveis e fixos, e demonstrado como a técnica do gerenciamento matricial de despesas e o orçamento matricial podem ajudar o gestor a aumentar o controle sobre os gastos.

A função do controle orçamentário

Até aqui, leitor, vimos que o plano orçamentário é a expressão quantitativa e formal do plano estratégico de uma organização. É o orçamento que irá direcionar os gestores para que determinadas decisões sejam priorizadas e indicará se as metas definidas são compatíveis com a saúde financeira e operacional.

Entretanto, de nada adianta ter essa ferramenta de projeção se não houver o devido monitoramento no decorrer do exercício orçado para apontar possíveis desvios.

A ferramenta orçamentária permite criar direcionamento estratégico. E, para que ela se torne efetiva, é necessário constante acompanhamento entre o orçado e o realizado. Existe uma expressão muito corriqueira que é "ninguém sente falta daquilo que não sabe". Ou seja, apesar de todos saberem a importância do combustível para um automóvel funcionar, caso não existisse o medidor de gasolina no painel do carro, muitos se esqueceriam de abastecer.

A comparação entre o orçado e o executado não é apenas para entender possíveis erros ou para encontrar culpados. Nenhum orçamento é exato. Ele é baseado em dados e estimativas realizadas antes de o período orçado ocorrer, e isso representa uma de suas limitações. Obviamente, na prática, inúmeras variáveis irão se comportar de maneira diferente daquela orçada e outras irão acontecer sem terem sido previstas. Pode ser uma mudança abrupta do dólar, uma greve da Receita Federal que fez as mercadorias ficarem presas na alfândega, a entrada de um novo concorrente ou qualquer outro fato que afete o resultado da empresa. Isso faz com que o orçamento também seja um processo de aprendizagem. Assim a empresa poderá mapear os riscos existentes em suas atividades.

Portanto, o estudo do que foi orçado e do que foi realizado permite que o gestor analise as causas do possível afastamento, crie medidas para que a empresa volte ao caminho previamente traçado e faz com que orçamentos futuros possam ser realimentados com essas variabilidades. Tudo isso motivando os envolvidos na busca de um resultado comum.

É importante elucidar quatro questões a respeito do controle do orçamento:

O CONTROLE ORÇAMENTÁRIO

1) O controle gerencial não irá apontar exatamente onde está o erro e sim prover informações de que algo de errado está acontecendo. Com tal informação, será feito o diagnóstico da causa do problema. Exemplo: caso haja um desvio do custo variável acima do normal, diversos fatos podem explicá-lo – o setor de compra fez a requisição em um período indevido, o preço do material aumentou acima do estimado, a máquina onde o material é processado está mal calibrada, entre outros diversos fatores que podem ter acontecido. Reconhecendo a causa, o gestor tem condições de corrigi-la em tempo hábil.

2) Existe um custo/benefício do controle. Se o custo de se controlar fosse zero, seria válido controlar tudo e de forma precisa. Acontece que a prática não é assim. Cada empresa vai ter de definir qual será o grau de exatidão do controle, quais itens deverá controlar e qual é a quantidade informacional que conseguirá processar.

3) Muitas empresas usam o controle das variações para promover revisões orçamentárias. Conforme dissemos ao longo deste livro, como se trata de uma decisão gerencial, não existe certo ou errado. Há empresas que não fazem qualquer revisão orçamentária por acharem que fatos isolados podem acontecer, mas que isso não altera a direção do orçamento. Algumas reveem seus orçamentos periodicamente por acharem que pequenos ajustes devem ser feitos ao longo do período orçado. E existem empresas que fazem a revisão sempre que o plano estratégico demandar por vislumbrarem que, se algum fator gerar mudanças estratégicas, o orçamento deve ser revisto.

4) Uma das explicações mais importantes do controle e acompanhamento das variações é integrar ainda mais os gestores com o orçamento por meio da análise de eficiência de cada departamento. Caso os funcionários responsáveis pelo

levantamento de dados saibam que estes não serão devidamente acompanhados, podem fazê-lo de qualquer maneira. Em outras palavras, é por meio do controle gerencial que a alta gerência pode influenciar os outros membros da organização a implementar e executar as estratégias traçadas no orçamento. Se todos os membros da organização souberem que serão avaliados pelos números orçados se dedicarão a estimar de forma mais responsável e se motivarão a alcançar aquilo que projetaram.

Da mesma forma que a variação entre o orçado e o realizado pode não ser culpa de ninguém, visto que o processo orçamentário pode ser impactado por variáveis não controláveis, é importante premiar aqueles que cumpriram com o realizado e identificar as deficiências daqueles que erraram nas estimativas – seja por falta de treinamento, por não terem o perfil para o tipo de responsabilidade delegada ou até por má-fé.

Controle gerencial

O controle gerencial visa acompanhar se o que foi orçado está sendo implementado para buscar as possíveis causas na hipótese de que as receitas e os gastos não se comportem da maneira como deveriam.

Existem três tipos de controles que a empresa pode trabalhar: controles estratégico, tático e operacional.

O controle estratégico, também chamado controle organizacional, está mais relacionado com o longo prazo. Visa buscar indicadores mais globais, abordando toda a organização, para encontrar possíveis desvios ou falhas no curso estratégico da empresa. São exemplos: grau de satisfação do cliente, nível de qualidade dos produtos, exposição da marca, gestão do conhecimento, número de novos negócios criados, percentual das vendas oriundas dos produtos lançados nos últimos anos, entre outros.

O controle tático é o nível intermediário entre o estratégico e operacional. Refere-se a aspectos menos globais e mais detalhados, e é considerado de médio prazo. Visa avaliar se os objetivos dos centros de responsabilidades estão alinhados com os indicadores de longo prazo.

Por fim, o controle operacional busca criar indicadores sobre os fatos que afetam o resultado de curto prazo da empresa. Consiste em avaliar o desempenho por meio de acompanhamento daquilo que está sendo executado. Verifica se os meios estão sendo seguidos e se os fins estão sendo alcançados.

Este último, foco deste livro, analisa como as diversas variáveis previstas no orçamento estão se comportando, controlando os índices, a eficiência e eficácia dos centros de responsabilidades. Ou seja, visa analisar se os gastos variáveis, os gastos fixos e o resultado operacional estão sendo executados da maneira como foram programados.

Nesse contexto, é importante entender as características dos centros de responsabilidades e como deve ser a avaliação de seu desempenho.

Centros de responsabilidades

Conforme mencionado no capítulo anterior, centro de responsabilidades é qualquer divisão, setor ou departamento chefiado por um gestor, que é responsável pelas suas atividades e que será avaliado pela forma como se relacionam os insumos utilizados (entradas) com os resultados obtidos (saídas).

Este livro irá abordar o controle gerencial existente nos centros de custos. A seguir serão apresentados os dois tipos de centros de custos: centro de custos padrão e centro de custos discricionário.

ORÇAMENTO E CONTROLE

Centros de custos padrão

São aqueles que mantêm um comportamento de gastos padronizados por unidade ou esforço produzido. Possuem entradas (insumos) que são medidas em termos físicos e monetários, e as saídas (atividades ou resultados) são medidas em termos físicos. Há uma relação direta entre entradas e saídas. São, normalmente, aqueles ligados ao processo produtivo. Por exemplo: cada unidade de uma mesa requer três metros de madeira, e se para cada metro de madeira paga-se $ 10,00, então, cada unidade custa $ 30,00. Logo, se a empresa produzir 500 unidades, demandará um total de 1.500 metros (três metros de madeira/mesa × 500 mesas) e gastará $ 15 mil (três metros de madeira/mesa × $ 10,00 por metro × 500 mesas).

Da mesma forma, um restaurante pode padronizar que: para cada um dos pratos servidos usa 0,10 quilo de arroz cru; cada quilo de arroz cru custa $ 5,00. Logo, o custo por prato, no que tange ao arroz, é $ 0,50, pois, o padrão é gastar 0,10 quilo de arroz por prato × $ 5,00 o quilo de arroz.

Repare que a empresa pode estabelecer medidas de eficiência:

- Se o valor gasto com arroz está atendendo às estimativas. Caso, em determinado mês, a empresa gaste $ 50,00 em oito quilos de arroz cru, perceberá que estão sendo gastos $ 6,25 por quilo (seu padrão é $ 5,00 por quilo) – ou seja, há algum problema no momento da compra ou algum aumento inesperado de preço.

- Se o aproveitamento previamente padronizado na preparação do arroz e do prato está sendo atingido. Se, com 10 quilos de arroz, produzisse somente 90 pratos (pelo seu padrão, deveriam ter sido produzidos 100 pratos), dois tipos de problemas devem ser investigados. Primeiro: o rendimento do arroz depois de preparado. Pode ser, entre outros motivos, que o crescimento do arroz durante o cozimento não tenha sido como esperado ou a qualidade do arroz não tenha sido aquela prevista. Segundo: o aproveitamento previamente padronizado na hora de servir o arroz não está sendo atingido. O gestor pode diagnosticar se o cozinheiro está mal treinado, se a porção de arroz em cada prato está alta, se houve furto, se algum garçom, por falta de treinamento, desmotivação ou circunstância natural, deixou cair os pratos ao servir etc.

Por conta dessa correlação entre entradas e saídas, as metas desses centros estão atreladas à eficiência na realização de suas tarefas, ou seja, como fazer a mesma coisa com menos recursos ou como fazer mais coisas com os mesmos recursos.

Portanto, sempre que o gestor conseguir criar uma correlação entre entradas e saídas, poderá medir a eficiência do centro de custos.

No exemplo do restaurante, o gestor pode analisar os gastos e diagnosticar se o cozinheiro está mal treinado, se a porção de arroz em cada prato está alta, se houve furto ou até se algum garçom, por falta de treinamento, desmotivação ou circunstância natural, deixou cair os pratos ao servir.

Portanto, sempre que o gestor conseguir criar uma correlação entre entradas e saídas, poderá medir a eficiência do centro de custos.

Centros de custos discricionários

São aqueles que não estão diretamente relacionados ao volume de produção. Podem ser reduzidos ou eliminados pela administração de forma discricionária. A administração tem liberdade de escolha nos valores a investir, tendo em vista a conveniência e a oportunidade do investimento, pois não há uma relação direta com o volume a ser produzido. Ou seja, as saídas (atividades ou resultado) desses centros de custos não são mensuráveis em termos financeiros ou quantitativos e não estão vinculadas diretamente ao volume de produção. Não há uma correlação entre entradas e saídas. Os centros de custos discricionários são normalmente aqueles ligados aos departamentos de apoio e ao processo administrativo. Exemplo: departamento administrativo, marketing, pesquisa e desenvolvimento, jurídico, entre outros.

Por exemplo, o centro de custo discricionário denominado "ambulatório" visa atender a acidentes de trabalho ocorridos. Esse é seu objetivo primordial. A extinção desse departamento da empresa, encaminhando todos os atendimentos ao Sistema Único de Saúde (SUS), não afetará diretamente a produção, mas pode, por exemplo, diminuir a produtividade do pessoal. Portanto, a avaliação desse departamento deve ser feita em termos de eficácia, ou seja, se os funcionários foram atendidos da forma correta no momento correto, se as metas departamentais foram atingidas etc.

O termo discricionário é usado para explicar que tanto o levantamento dos gastos quanto o controle gerencial dependem do julgamento das pessoas envolvidas. Isso torna o trabalho mais complexo, pois a análise de desempenho depende de critérios mais subjetivos.

O exemplo clássico é o departamento de pesquisa e desenvolvimento. Quanto cada empresa deverá investir? Depende do julgamento de empresa para empresa. Algumas podem estabelecer um valor fixo anual (como $ 2 milhões por ano). Outras podem estabelecer como meta 4% da receita ou valores históricos que já apresentaram resultado. Qual delas está mais certa? Não há essa resposta. A questão passa a ser se os objetivos previamente delineados foram atingidos.

O CONTROLE ORÇAMENTÁRIO

Portanto, como o desempenho é medido de acordo com o atingimento dos objetivos, é necessário que estes estejam claros e bem detalhados. Objetivos muito vagos afetam a análise de desempenho.

Avaliação de desempenho

O controle gerencial visa analisar o desempenho das atividades comparando o orçado com o real. Há diferentes indicadores a serem criados no que tange a aferir se as metas de cada centro de custos foram atingidas. Vamos analisar os centros de custos discricionários e os centros de custos padrão.

Avaliação dos centros de custos discricionários

Os centros de custos discricionários serão avaliados por eficácia, isto é, se alcançaram os objetivos previamente traçados. A comparação entre o orçado e o real não se dá em aspectos financeiros e sim no atingimento dos objetivos traçados para cada centro de custo discricionário no orçamento. Isso faz com que seja uma avaliação mais subjetiva.

A forma mais simples é comparar o desempenho de cada departamento com outras empresas do mesmo porte. Por exemplo, no terceiro ciclo de revisão tarifária, a Aneel, agência reguladora do setor elétrico, usou o modelo de *benchmarking*. Como todas as concessionárias são obrigadas a enviar todos os dados financeiros e econômicos para a Aneel, esta tem um banco de dados que permite calcular, frente a determinados parâmetros (como quantidade de unidades consumidoras, tamanho de mercado, quilômetros de redes etc.), o nível "médio" de custos operacionais para cada uma delas.

ORÇAMENTO E CONTROLE

Essas informações buscam parâmetros para que as empresas questionem seus gastos. Por exemplo: uma determinada empresa pode rever sua política de remuneração dos funcionários se perceber que outra empresa, do mesmo porte e que atua em uma cidade com mesmo custo de vida, gasta menos com pessoal.

Em geral, as grandes consultorias mantêm um banco de dados com informações como número de funcionários de cada departamento, remuneração média, gastos gerais, depreciação, e podem fazer comparações bem realistas levando em conta o tamanho e o tipo de empresa.

Exemplo: vamos imaginar a empresa Consulting, que presta consultoria para uma média empresa chamada Pontes, com faturamento de $ 2 milhões/mês na cidade de Joinville (SC).

Para o serviço ser realizado, a Consulting fez levantamento de inúmeros dados internos e sigilosos, por exemplo, quantas pessoas a Pontes possui em seu departamento de vendas (vamos supor, 30 pessoas).

Logo após essa consultoria, a empresa Coelho, do mesmo segmento e porte, contrata a Consulting para o mesmo tipo de consultoria.

Levanta-se que o departamento de vendas da Coelho opera com 50 pessoas.

Isso permite à empresa, com certo grau de confiabilidade, comparar a eficácia de cada departamento de vendas em relação ao número de pessoas, podendo-se concluir que o departamento está inchado, e promover uma série de mudanças organizacionais.

O problema é que, em um mercado fechado, essas informações são difíceis de ser obtidas. Além disso, cada um dos departamentos de vendas de cada uma das empresas pode ter objetivos diferentes (às vezes, uma pode ter um foco mais amplo do que outra e, por isso, necessitar de mais pessoas). Para resolver isso, recomenda-se trabalhar principalmente com indicadores não financeiros, sendo primordial fixar os objetivos de cada centro de custos, definir o que se quer medir e quais os indicadores que serão utilizados para a medição.

Assim, um departamento jurídico pode ter como objetivo primordial aumentar em 20% a taxa de sucesso dos processos existentes e reduzir em 30% os gastos com processos trabalhistas e de consumidores. Para isso, ela pode criar uma série de medidas, como: índice de êxito nos casos, índice de redução de prejuízos frente aos valores previamente estimados, quantidade de processos existentes, cumprimento de prazos, entre outros.

Entretanto, em uma empresa bem organizada, os gestores vão buscar, de maneira mais global, uma série de outros indicadores devendo, por exemplo, questionar:

- Por que tantos funcionários nossos nos processam?
- Por que nossos clientes nos processam de maneira assídua?

Esses questionamentos evidenciam a necessidade de criar indicadores globais, isto é, que analisem diversos aspectos da empresa, pois, às vezes, o aumento de eficácia de alguns departamentos reside na melhoria de outros. Por exemplo, se o departamento de recursos humanos fizer um adequado trabalho com os funcionários, talvez o departamento jurídico não tenha tantos processos trabalhistas. Da mesma forma, se a empresa melhorasse os indicadores de qualidade dos produtos, faria com que o departamento jurídico recebesse menos processos dos consumidores e possibilitaria menores gastos com o serviço de atendimento ao consumidor (SAC).

ORÇAMENTO E CONTROLE

Avaliação dos centros de custo padrão

Os centros de custo padrão serão avaliados por eficiência, isto é, se fizeram as mesmas atividades definidas no orçamento com menos recursos ou se produziram ainda mais saídas com os mesmos recursos. Para fazer essa avaliação de desempenho dos centros de custo padrão, há dois tipos de orçamentos: o estático e o flexível. Veremos cada um deles na próxima seção.

Avaliação de desempenho: orçamento estático e orçamento flexível

Orçamento estático

Este orçamento parte do pressuposto de que as peças orçamentárias não serão modificadas após sua construção. Ou seja, o orçamento será elaborado a partir dos conceitos vistos nos capítulos anteriores e, se ao longo do processo orçamentário ocorrerem alterações nos volumes produzido e vendido, as peças orçamentárias não serão modificadas. Em outras palavras, a comparação entre o orçado e o real se dá apenas em um nível operacional.

Exemplo: Determinada empresa apresenta as seguintes informações:

- preço: $ 10,00 por unidade;
- gastos variáveis em função da receita: 20% da receita;
- gastos variáveis unitários: $ 5,00 por unidade;
- gastos fixos totais: $ 20 mil.

Logo, o orçamento para 10 mil unidades apresenta, conforme a tabela 38, o seguinte resultado:

O CONTROLE ORÇAMENTÁRIO

Tabela 38
Orçamento para 10 mil unidades

Quantidade	10.000 unidades
Receita ($ 10,00 × 10.000)	$ 100.000
(-) Gastos variáveis	
em percentual da receita 20%	$ 20.000
por unidade ($ 5,00 × 10.000)	$ 50.000
= Margem de contribuição	$ 30.000
(-) Gastos fixos	$ 20.000
= Lucro operacional	$ 10.000

Entretanto, ao fazer o levantamento do realizado, a empresa obteve a comparação conforme a tabela 39.

Tabela 39
Comparação após levantamento do realizado

	Real	Variação	Orçado
Quantidade	12.000 unidades	+ 2.000 unidades	10.000 unidades
Receita	$ 114.000	+ 14.000 F	$ 100.000
(-) Gastos variáveis			
em percentual da receita	$ 23.370	$ 3.370 D	$ 20.000
por unidade	$ 58.000	$ 8.000 D	$ 50.000
= Margem de contribuição	$ 32.630	$ 2.630 F	$ 30.000
(-) Gastos fixos	$ 21.000	$ 1.000 D	$ 20.000
= Lucro operacional	$ 11.630	$ 1.630 F	$ 10.000

Obs.: F = favorável; D = desfavorável.

Percebe-se, pela análise do orçamento estático, que o resultado da empresa foi melhor do que o orçado em $ 1.630 favorável (F). Apesar de os gastos terem tido comportamento desfavorável, o comportamento favorável da receita compensou.

Por essa análise, o departamento de vendas fez um trabalho eficiente enquanto os departamentos de gastos tiveram desempenhos aquém do esperado.

ORÇAMENTO E CONTROLE

Entretanto, isso não permite analisar se os gastos, tanto os variáveis quanto os fixos, se comportaram como deveriam para esse nível real de vendas e, consequentemente, qual a origem dos problemas. Para evitar tal situação, apresentaremos a seguir o orçamento flexível.

Orçamento flexível no comércio

Esse orçamento parte do pressuposto de que os gastos se comportam de maneiras diferentes. Assim, o orçamento flexível é ajustado de acordo com diferentes níveis de atividades caso haja mudanças nos volumes produzido e vendido. Isso permite que a empresa tenha maior noção sobre o comportamento dos gastos: se alterações ocorreram como consequência de maior ou menor eficiência ou simplesmente porque o volume se alterou.

Veja na tabela 40 um modelo de como podemos preparar um relatório de desempenho separando a variação operacional da variação comercial – aplicável apenas para a receita e gastos variáveis.

Tabela 40
Relatório de desempenho
(variação operacional e variação comercial)

	Real	Variação operacional	Orçado ao nível real	Variação comercial	Orçado
Receita	$Pr \times Qr$	$(Pr - Po) \times Qr$	$Po \times Qr$	$Po \times (Qr - Qo)$	$Po \times Qo$
(-) Gastos variáveis					
em % da receita	$Gvar\%r$ $(Pr \times Qr)$	$(Gvar\%r \times Pr - Gvar\%o \times Po) \times Qr$	$Gvar\%o$ $(Po \times Qr)$	$GVar\%o \times Po \times (Qr - Qo)$	$Gvar\%o$ $(Po \times Qo)$
por unidade	$Gvar.r \times Qr$	$(Gvar.r - Gvar.o) \times Qr$	$Gvar.o \times Qr$	$Gvar.o \times (Qr - Qo)$	$Gvar.o \times Qo$

Onde:
Pr – preço real; Qr – quantidade real; Po – preço orçado; Qo – quantidade orçada; Gvar%r – gastos variáveis em percentual da receita; Gvar%o – gastos variáveis em percentual orçado; Gvar.r – gasto variável unitário real; Gvar.o – gasto variável unitário orçado.

O CONTROLE ORÇAMENTÁRIO

Para demonstrar, usaremos os mesmos dados do orçamento estático. Entretanto, em vez de apenas comparar o real com o orçado, usaremos o modelo da tabela 38. Primeiro temos de apurar o orçamento flexível, ou seja, qual seria o resultado do orçado *ao nível de atividades real*, que foi de 12 mil unidades, conforme indicado na tabela 41.

Tabela 41
Orçamento flexível

	Real	Variação da operação	Orçado ao nível real	Variação comercial	Orçado
Quantidades orçada e realizada	12.000 unid.	Zero	12.000 unid.	+ 2.000 unid.	10.000 unid.
Receita	$ 114.000	$ 6.000 D	$ 120.000	+ 20.000 F	$ 100.000
(-) Gastos variáveis					
em % da receita	$ 23.370	$ 630 F	$ 24.000	$ 4.000 D	$ 20.000
por unidade	$ 58.000	$ 2.000 F	$ 60.000	$ 10.000 D	$ 50.000
= Margem de contribuição	$ 32.630	$ 3.370 D	$ 36.000	$ 6.000 F	$ 30.000
(-) Gastos fixos	$ 21.000	$ 1.000 D	$ 20.000	Zero	$ 20.000
= Lucro operacional	$ 11.630	$ 4.370 D	$ 16.000	$ 6.000 F	$ 10.000

Obs.: F = favorável; D = desfavorável.

Frente ao orçamento estático, a análise do orçamento flexível muda totalmente. A seguinte análise da variação operacional e da variação comercial pode ser feita:

- O desempenho do departamento de vendas pode ter sido melhor por ter conseguido comercializar maior volume do que o orçado (gerando receita maior em $ 20 mil). Entretanto, o preço de vendas real foi menor que o orçado e, por isso, houve desempenho desfavorável de $ 6 mil frente à receita ao nível real. A análise de variação da receita envolve outras questões além da variação da quantidade vendida e do preço. Uma análise mais ampla verifica a variação de participação de mercado e de mix de vendas, mas isso não é objetivo deste livro.

ORÇAMENTO E CONTROLE

- Já o desempenho dos centros de gastos pode ser assim delineado:
  - o desempenho comercial dos gastos variáveis foi desfavorável apenas porque houve comercialização de mais unidades e isso naturalmente fez com que os gastos variáveis totais aumentassem e a variação dos gastos fixos ficasse nula;
  - o desempenho operacional pode ser resumido conforme a tabela 42.

Tabela 42
Desempenho operacional

Gastos	Variação	Causa*
Gastos variáveis em percentual da receita	O comportamento de $ 630,00 favorável deve ser explicado analisando a diferença de preço e de percentual. O Gvar em percentual real pode ser desmembrado em Gvar% (20,50%) × preço (9,50) × quantidade (12 mil unid.). O Gvar em percentual orçado é Gvar% (20,00%) × preço (10,00) × quantidade (12 mil unid.). Logo, percebe-se que o valor ficou menor em $ 630,00 por causa do preço. Entretanto, o percentual acabou sendo maior do que o orçado.	Existem diversas explicações, destacando-se: • falha na estimativa do percentual da receita; • aumento não projetado do percentual, como concessão de maior comissão de vendas; • mudança do mix das variáveis. Por exemplo, pode ser que se tenha estimado vender mais com cartão de débito do que com cartão de crédito. Na realidade, pode ter sido o inverso e, como o custo do cartão de crédito é maior, explica-se a mudança.
Gasto variável por unidade	Houve comportamento favorável de $ 2 mil. O Gvar unit real pode ser desmembrado em Gvar unit ($ 4,833/unid) × quantidade (12 mil unid.). O Gvar unit orçado é Gvar unit ($ 5,00/unid) × quantidade (12 mil unid.).	Existem diversas explicações, destacando-se: • melhor negociação com os fornecedores; • redução de alguma variável que impacte o valor de compra das mercadorias, como dólar.
Gasto fixo	Houve aumento dos gastos fixos, gerando variação desfavorável de $ 1.000,00	Existem diversas explicações, destacando-se: • aumento salarial; • aumento do número de funcionários; • aumento dos gastos gerais.

* Para determinar a verdadeira causa é necessário investigar, a partir das possíveis causas apontadas na tabela 42, aquela que realmente impactou as variações. Assim, é possível adotar ações corretivas eficazes.

A seguir, veremos o orçamento flexível na indústria.

Orçamento flexível na indústria

Como visto, a atividade comercial é mais simples no que tange à análise das variações. Isso porque o produto que a empresa compra é exatamente aquele que se vende. Já nas atividades industrial e de serviços, há transformação da matéria-prima e execução de diversas atividades.

Há de se tomar cuidado com a força de trabalho direta. Como dito no capítulo anterior, a maioria dos livros a apresenta como um gasto variável, o que é compatível com o sistema legal de alguns países. Entretanto, no Brasil, a legislação trabalhista impõe ao empregador a obrigação de pagar uma remuneração mínima ao empregado, independentemente da produção, fazendo com que a força de trabalho direta seja, em alguns casos, gasto fixo. Caso o modelo de contratação seja salário fixo, então a força de trabalho direta deverá ser rateada pelos produtos a partir de algum critério. Caso o modelo de contratação seja salário por hora trabalhada, então a força de trabalho direta será mensurada diretamente no produto, sem necessidade de rateio. Em caso de ser uma combinação de ambos, deverão ser consideradas suas parcelas fixa e variável.

É importante destacar que, mesmo a força de trabalho sendo considerada um gasto fixo, as empresas podem criar medidas de eficiência para ela. Pode-se estabelecer uma medida de performance da força de trabalho por dia ou por hora trabalhada. Ou seja, um volume de produtos ou de atividades a serem executados por período. Assim, podemos medir se a força de trabalho, apesar de ser gasto fixo, atinge a performance estabelecida. A diferença positiva ou negativa atingida poderá ser classificada em eficiência ou ineficiência da força de trabalho em relação à performance padrão estabelecida.

Veja o exemplo a seguir. Na tabela 43 temos a ficha técnica de uma empresa que possui apenas um produto.

ORÇAMENTO E CONTROLE

Tabela 43
Ficha técnica

Insumos	Valor do custo do insumo ($)	Custo unitário ($)
Matéria-prima 1	0,2 kg/unid.	8,00/kg	1,60/unid.
Matéria-prima 2	0,1 kg/unid.	30,00/kg	3,00/unid.
Força de trabalho direta	10 min/unid.	12,00/hora	2,00/unid.
Gasto fixo			50.000,00.

No momento das estimativas de vendas, a empresa orçou vender 10 mil unidades, e apresentou o orçamento dos gastos descrito na tabela 44.

Tabela 44
Orçamento dos gastos

Recursos	10.000 unidades		Custo unitário	
Matéria-prima 1	$ 16.000	2.000 kg	$ 1,60/unid.	0,2 kg/unid.
Matéria-prima 2	$ 30.000	1.000 kg	$ 3,00/unid.	0,1 kg/unid.
Força de trabalho direta	$ 20.000	1.666,66 horas (100.000 minutos)	$ 2,00/unid.	10 min/unid.
Gasto fixo	$ 50.000	10.000 unid.	$ 5,00/unid.	

Entretanto, na execução, a empresa apresentou, conforme a tabela 45, o relatório que se segue para sua produção efetiva de 9 mil unidades.

Tabela 45
Relatório dos gastos efetivos

	Valor total insumo	Insumos	Valor unitário insumo
Matéria-prima 1	$ 15.714,00	1.746 kg	$ 9,00/kg
Matéria-prima 2	$ 25.810,00	890 kg	$ 29/kg
Força de trabalho direta	$ 18.400,00	1.600 horas (96.000 min.)	$ 11,50/hora
Gasto fixo	$ 52.000,00	9.000 unidades	$ 5,77/unid.

O CONTROLE ORÇAMENTÁRIO

Desse modo, podemos fazer, conforme a tabela 46, o orçamento flexível.

Tabela 46
Orçamento flexível

	Real	Variação da operação	Orçado ao nível real	Variação comercial	Orçado
Quantidade	9.000 unid.	–	9.000 unid.	1.000 unid.	10.000 unid.
Matéria-prima 1	$ 15.714	$ 1.314 D	$ 14.400	$1.600 F	$ 16.000
Matéria-prima 2	$ 25.810	$ 1.190 F	$ 27.000	$ 3.000 F	$ 30.000
Força de trabalho direta	$ 18.400	$ 400 D	$ 18.000	$ 2.000 F	$ 20.000
Gasto fixo	$ 52.000	$ 2.000 D	$ 50.000	–	$ 50.000

Obs.: F = favorável; D = desfavorável.

Reforçando o que já foi definido: a simples comparação do orçado (para 10 mil unidades) com o real (com 9 mil unidades) torna a análise superficial, pois a variação de volume de produção gera variação nos insumos. Assim, não conseguiríamos entender quanto da variação foi causada pelo volume menor de produção e quanto da variação foi causado por não se ter produzido com o padrão determinado pela ficha técnica do produto. A primeira coisa que temos de fazer é calcular os valores orçados ao nível de atividade real.

No comércio, a variação da operação se dá unicamente pela variação de preço da mercadoria adquirida. Já na indústria e em serviços, a análise será expandida, visto que o gasto variável é composto pela quantidade de insumos que cada unidade consome vezes o preço desse insumo. Logo, a variação da operação é composta pelas variações de preço e eficiência. Para calculá-las, utilizamos as fórmulas a seguir:

Variação de preço = *variação do gasto unitário do insumo × quantidade real de insumo = (gasto unitário projetado o insumo – gasto unitário real do insumo) × quantidade real do insumo.*

ORÇAMENTO E CONTROLE

Variação de eficiência = *variação da quantidade de insumos × gasto unitário projetado = (quantidade de insumo projetada para a atividade real – quantidade real do insumo) × gasto unitário projetado para o insumo.*

Para facilitar esse cálculo basta criar, conforme a tabela 47, na coluna da variação da operação, a ideia do insumo real valorado pelo custo padrão. Para o exemplo, teríamos a análise das variações das matérias-primas e força de trabalho direta ilustradas como segue.

Tabela 47
Análise das variações

	Real	Insumo real x custo padrão	Orçado ao nível real
Matéria-prima 1			
Insumo total	1.746 kg	1.746 kg	1.800 kg
× Preço insumo	$ 9,00/kg	$ 8,00/kg	$ 8,00/kg
= Total	$ 15.714	$ 13.968	$ 14.400
Variações =>	de preço ($ 13.968 – $ 15.714) $ 1.746 D	de eficiência ($ 14.400 – $ 13.968) $ 432 F	
Variação total	($ 432 – $ 1.746) => $ 1.314 D		
Matéria-prima 2			
Insumo total	890 kg	890 kg	900 kg
× Preço insumo	$ 29,00/kg	$ 30,00/kg	$ 30,00/kg
= Total	$ 25.810	$ 26.700	$ 27.000
Variações =>	de preço ($ 26.700 – $ 25.810) $ 890 F	de eficiência ($ 27.000 – $ 26.700) $ 300 F	
Variação total	($ 890 + $ 300) => $ 1.190 F		
Força de trabalho direta			
Insumo total	1.600 horas	1.600 horas	1.500 horas
× Preço insumo	11,50/hora	$ 12,00/hora	$ 12,00/hora
= Total	$ 18.400,00	$ 19.200	$ 18.000
Variações =>	de preço ($ 19.200 – $ 18.400) $ 800 F	de eficiência ($ 18.000 – $ 19.200) $ 1.200 D	
Variação total	($ 800 – $ 1.200) => $ 400 D		

A partir da tabela 45, podemos descrever as variações das matérias-primas e da forma de trabalho como se segue.

O CONTROLE ORÇAMENTÁRIO

Análise das variações da matéria-prima

Matéria-prima 1

Percebe-se que a variação desfavorável de $ 1.314,00 mascara uma eficiência no que tange a usar menos recursos do que o projetado (em vez de 1.800 kg usaram-se 1.746 kg = diferença de 54 kg favorável), gerando variação de eficiência de $ 432,00 favorável. Entretanto, como se pagou um valor muito maior do que o projetado (em vez de $ 8,00/kg, foram pagos $ 9,00/kg = diferença de $ 1,00 desfavorável), foi gerada variação de preço desfavorável em $ 1.746,00.

Assim podemos detalhar o impacto da variação de preço e eficiência como apresentado na tabela 45 da seguinte forma:

- variação de eficiência = variação da quantidade de insumos × gasto unitário projetado (54 kg × $ 8,00 = $ 432,00 favorável);
- variação de preço = variação do gasto unitário do insumo × quantidade real de insumo ($ 1,00 × 1.746 kg = $ 1.746,00 desfavorável);
- variação total = $ 432,00 F + $ 1.746,00 D = $ 1.314,00 D.

A variação positiva de eficiência pode ter sido causada por uma perda menor no processo produtivo, seja por calibragem mais precisa das máquinas, funcionários treinados e motivados, mais atenção da equipe de qualidade. É importante salientar que gastar menos matéria-prima não é aumento de eficiência se isso resultar em um produto fora dos padrões de qualidade.

Já a variação negativa do preço pode ter acontecido por um erro no processo de compras, aumento do preço de matéria-prima de forma inesperada ou até problemas logísticos ocorridos.

Matéria-prima 2

Percebe-se que houve variação favorável total de $ 1.190,00, o que foi causado tanto por eficiência (por ter usado 890 kg em vez de 900 kg = diferença de 10 kg favorável) quanto pelo preço (por terem sido pagos $ 29,00/kg em vez de $ 30,00/kg = diferença de $ 1,00 favorável). Assim podemos detalhar o impacto da variação de preço e eficiência como apresentado na tabela 47 da seguinte forma:

- variação de eficiência = variação da quantidade de insumos × gasto unitário projetado (10 kg × $ 30,00 = $ 300,00 favorável);
- variação de preço = variação do gasto unitário do insumo × quantidade real de insumo ($ 1,00 × 890 kg = $ 890,00 favorável);
- variação total = $ 300,00 F + $ 890,00 F = $ 1.190,00 F.

A variação positiva de preço pode ter ocorrido por conta de melhor negociação com os fornecedores.

E a variação positiva de quantidade consumida pode ter sido por uma qualidade melhor do material adquirido.

Análise das variações da força de trabalho direta

A variação de $ 400,00 desfavorável mascara a variação favorável do preço (foram pagos $ 11,50 por hora em vez de $ 12,00 por hora = diferença de $ 0,50 favorável), mas houve variação desfavorável de eficiência (já que foram usadas 1.600 horas em vez de 1.500 horas = diferença de 100 horas desfavorável).

Assim podemos detalhar o impacto da variação de preço e eficiência como apresentado na tabela 45 da seguinte forma:

O CONTROLE ORÇAMENTÁRIO

- variação de eficiência = variação da quantidade de insumos × gasto unitário projetado (100 horas × $ 12,00 = $ 1.200,00 desfavorável);
- variação de preço = variação do gasto unitário do insumo × quantidade real de insumo ($ 0,50 × 1.600 horas = $ 800,00 favorável);
- variação total = $ 1.200,00 D + $ 800,00 F = $ 400 D.

A variação desfavorável de 100 horas pode ter sido causada por uma ineficiência da força de trabalho, por não estar adequadamente preparada para atuar nessa linha de produção.

É importante destacar que os cálculos das variações de preço e eficiência apenas geram a percepção de que algo se comportou de forma errada. Os gestores, com essas informações, devem fazer o diagnóstico para identificar as causas e os responsáveis e promover ações corretivas a fim de minimizar os impactos de custo.

Análise das variações dos gastos fixos

Como vimos, o orçamento flexível é recomendado para a análise das variações ocorridas com os gastos variáveis, pois tem como base a ficha técnica do produto ou serviço. Mas os gastos fixos apresentam um comportamento diferenciado. As empresas projetam gastos fixos objetivando atuar com determinado volume de produção. São conhecidos também como gastos de capacidade, visto limitarem a capacidade operacional da empresa. Outra característica relacionada a esses gastos é que eles são contratados antes mesmo de as vendas ocorrerem. As entidades se prepararam para atender à sua demanda: alugam ou compram imóveis, contratam funcionários, treinam os funcionários, algumas fazem contratação de energia elétrica e outros tantos itens necessários para poderem operar.

ORÇAMENTO E CONTROLE

No nosso exemplo, projetou-se um gasto fixo de $ 50 mil para uma produção de 10 mil unidades. A empresa se preparou e alocou o valor projetado com base no volume que planejou produzir. Assim, podemos dizer que a cada unidade produzida deveria fazer uma apropriação de $ 5,00 ($ 50 mil ÷ 10 mil unidades). Então projetou-se aplicar $ 5,00 de custo fixo a cada unidade produzida. Como, no período, foram produzidas 9 mil unidades somente, foram alocados, a título de custo fixo, $ 45 mil (9 mil unid. × $ 5,00). Mas os custos fixos reais foram de $ 52 mil. Houve, portanto, dois tipos de variações:

- a diferença de $ 2 mil encontrada entre o valor orçado ($ 50 mil) e o valor real ($ 52 mil), que é conhecida como variação orçamentária;
- a diferença de $ 5 mil encontrada entre o valor alocado ($ 45 mil) e o valor orçado ($ 50 mil), que é denominada variação de capacidade.

Se o volume produzido, ou nível de atividade, fosse igual ao volume orçado não haveria variação de capacidade. A variação de capacidade demonstra o quanto cada unidade produzida encareceu ou barateou devido à utilização da capacidade instalada. Assim, o produto ficará mais caro se o volume efetivamente incorrido for menor que o planejado, e ficará mais barato no caso inverso. A análise dessas variações dos custos fixos pode ser expressa conforme a tabela 48.

Tabela 48
Variações dos custos fixos

Custo fixo real	Custo fixo orçado	Custo fixo aplicado
$ 52.000,00	$ 50.000,00	$ 45.000,00 9.000 unid. × $ 5,00/unid.
Variação orçamentária $ 2.000,00 D		Variação de capacidade $ 5.000,00 D

Obs.: F = favorável; D = desfavorável.

156

O CONTROLE ORÇAMENTÁRIO

Agora podemos, conforme a tabela 49, apropriar o custo fixo real a cada unidade produzida. Assim entenderemos por que o custo fixo, que estava programado para ser $ 5,00 por unidade ($ 50 mil ÷ 10 mil unidades), passou a ser $ 5,77 ($ 52 mil ÷ 9 mil unidades).

Tabela 49
Apropriação do custo fixo real

Itens	Cálculo	Valor ($)
Custo projetado	$ 50.000 ÷ 10.000 unid.	$ 5,00
Variação de capacidade	$ 5.000 ÷ 9.000 unid.	$ 0,55
Variação orçamentária	$ 2.000 ÷ 9.000 unid.	$ 0,22
Custo real		$ 5,77

Desse modo. ficam detalhadas e demonstradas as causas das variações ocorridas nos custos fixos da empresa (Sardinha et al., 2008).

Orçamento flexível nos serviços

Para empresas de serviços, o processo produtivo é ainda mais complexo. Na indústria, a padronização dos produtos visa engessar os produtos. Ou seja, qualquer variação do produto, por mínima que seja, pode fugir dos padrões de qualidade da empresa – algumas chegam a trabalhar com conjunto de práticas e ferramentas estatísticas como 6 Sigma, que permite ter, no mais alto nível de excelência, apenas três defeitos a cada milhão de unidades.

Já em serviços, essa padronização também é necessária, mas seu caráter intangível faz com que a variabilidade de custos seja muito maior. Nesse caso, as empresas têm de calcular seus gastos a partir de uma média de consumo estimando as possíveis variações e quais são os desvios padrões aceitáveis, tornando o controle menos preciso. Ou seja, quando uma empresa industrial define que serão cinco quilos por unidade, isso é um número exato. Não pode haver a fabricação de uma mesa com 5,1 quilos ou 4,9 quilos. Já, caso um dentista mensure que serão, *em média*, quatro algodões por cliente em determinada atividade, se efetivamente gastar dois ou seis, não estará sendo ineficiente. Só será ineficiência se esse valor ultrapassar um valor considerado normal – vamos supor, acima de sete algodões.

Mesmo com todas essas características, empresas de serviços podem e devem utilizar a mesma ferramenta de controle apresentada para empresas industriais.

Como exemplo, temos a Assessoria Contábil Coelho Pontes Ltda., que tem entre seus produtos a confecção da declaração de imposto de renda de pessoa jurídica (IRPJ). O preço cobrado por declaração é de $ 120,00. Os auxiliares de contabilidade contratados para esse serviço ficam sob a supervisão dos contadores Coelho e Pontes. Esses auxiliares representam os custos variáveis deste serviço. O orçamento levou em consideração uma estimativa de que os auxiliares recebem $ 120,00/hora e conseguem produzir, em média, duas declarações por hora.

O orçamento para o período de janeiro a abril de 2017 (período de confecção das declarações) previa um movimento de 5 mil declarações; logo, 2.500 horas de trabalho. Os custos fixos orçados eram de $ 140 mil. O lucro projetado com essa operação era de $ 160 mil.

No entanto, só foram confeccionadas 4.500 declarações de IRPJ. Os apontamentos demonstraram que os auxiliares gastaram 2.500 horas de trabalho para realizar as 4.500 declarações de imposto de renda. O custo com os auxiliares totalizou $ 290 mil e os custos fixos foram $ 155 mil.

O demonstrativo de resultado confrontando os valores orçados e os realizados são apresentados na tabela 50.

Tabela 50
DRE da Assessoria Contábil Coelho Pontes Ltda.

	Orçado	Real
Quantidade de declarações do IRPJ	5.000	4.500
Receita ($)	600.000,00	540.000,00
(-) Gastos variáveis ($)	300.000,00	290.000,00
(=) Margem de contribuição ($)	300.000,00	250.000,00
(-) Gastos fixos ($)	140.000,00	155.000,00
(=) Lucro ($)	160.000,00	95.000,00

Desse modo, podemos utilizar o orçamento flexível, apresentado na tabela 51, para entender por que o lucro projetado de $ 160 mil foi somente $ 95 mil, ou seja, sofreu uma redução de $ 65 mil.

Tabela 51
Orçamento flexível

	Real	Variação da operação	Orçado ao nível real	Variação comercial	Orçado
Quantidade	4.500 IRPJ	–	4.500 IRPJ	500 IRPJ	5.000 IRPJ
Receita ($)	540.000,00	–	540.000,00	60.000,00 D	600.000,00
(-) Gastos variáveis ($)	290.000,00	20.000,00 D	270.000,00	30.000,00 F	300.000,00
(=) Margem de contribuição ($)	250.000,00	20.000,00 D	270.000,00	30.000,00 D	300.000,00
(-) Gastos fixos ($)	155.000,00	15.000,00 D	140.000,00	–	140.000,00
(=) Lucro ($)	95.000,00	35.000,00 D	130.000,00	30.000,00 D	160.000,00

Obs.: F = favorável; D = desfavorável.

Observamos que pela diminuição de 500 declarações em relação ao volume que foi orçado acabou sendo gerada uma variação comercial de $ 30 mil desfavorável no lucro. E que ocorreu um gasto maior nos custos variáveis de $ 20 mil e de gastos fixos de $ 15 mil, totalizando uma variação operacional de $ 35 mil.

Os gestores da empresa compreendiam que o gasto fixo maior que o orçado em $ 15 mil foi necessário na busca por atingir a meta de 5 mil declarações. Ao longo do período orçado, percebendo um

ORÇAMENTO E CONTROLE

comportamento menor das vendas, resolveram gastar mais em propaganda tentando alavancar o negócio.

O que eles querem saber agora é como gastaram mais $ 20 mil de custos variáveis, sendo que, quando foram fazer a campanha de marketing, negociaram com os auxiliares uma pequena redução no valor da hora de trabalho.

Assim, conforme a tabela 52, fizeram a análise das variações da força de trabalho direta.

Tabela 52
Análise das variações

Força de trabalho – auxiliares	Real	Insumo real × custo padrão	Orçado ao nível real
Insumo em horas	2.500 horas	2.500 horas	2.250 horas
			(4.500 IRPJ × 0,50/hora)
× Preço insumo	$ 116,00/hora	$ 120,00/hora	$ 120,00/hora
= Total	$ 290.000,00	$ 300.000,00	$ 270.000,00
Variações =>	de preço $ 10.000,00 F		de eficiência $ 30.000,00 D
Variação total	($ 10.000,00 – $ 30.000,00) => $ 20.000,00 D		

Ficou claro para os contadores da Coelho e Pontes Ltda. que, por reduzirem o valor da hora de trabalho em $ 4,00 (de $ 120,00 para $ 116,00), acabaram gerando uma economia de $ 10 mil. Porém, como se gastou mais do que meia hora para fazer cada declaração (2.500 horas para 4.500 IRPJ = 0,55/hora), acabou-se por gastar 250 horas a mais, gerando uma perda de $ 30 mil. Os valores das variações de comercial, operacional, preço e volume de horas da força de trabalho foram detalhados. Agora, o que se precisa é investigar as causas de cada uma das variações para adoção de ações corretivas e documentação como lições aprendidas.

Como vimos no exemplo da tabela 51, é possível aplicar o controle pelo orçamento flexível em operações de prestação de serviços.

Outra forma eficiente de controle dos gastos nos centros de custos de uma empresa é utilizar o gerenciamento matricial das despesas, que veremos em seguida.

Gerenciamento matricial dos gastos

O controle dos gastos fixos, como foi visto anteriormente, é de suma importância. Mas, agora, imagine determinada empresa com mais de 500 centros de custos, sendo cada um com mais de 30 linhas de gastos. Ficaria complexo controlar mensalmente cada uma dessas contas. Nasce assim a visão do gerenciamento matricial de despesas, que é um sistema de controle cruzado dos gastos, atribuindo dupla responsabilidade de controle.

Por exemplo, para gastos com viagens, a empresa elege um responsável para gerenciar os gastos de todos os departamentos – pode ser o RH – e, ao mesmo tempo, cada departamento terá um responsável pela prestação de contas desse tipo de gasto – há uma *double accountability*.

Apesar de poder gerar conflitos entre os responsáveis, esse sistema é utilizado tanto para o planejamento quanto para o controle orçamentário, pois identifica oportunidades de curto e médio prazos na redução de gastos. O objetivo primordial do gerenciamento matricial das despesas é envolver o núcleo gerencial da organização na elaboração, controle do orçamento para a redução de gastos de forma justa, compartilhada e criteriosa, com vista ao atingimento das metas da organização (Padoveze e Taranto, 2009).

A implementação do gerenciamento matricial de despesas está baseada em três princípios:

- *Controle cruzado.* Todas as despesas orçadas devem ser acompanhadas por duas pessoas: o gerente do centro de responsabilidades da empresa e o gerente do pacote de gastos específico.
- *Desdobramento dos gastos.* Para a definição das metas, todos os gastos devem ser detalhados até o nível de contas contábeis e centros de custos.
- *Monitoramento sistemático.* Institui dinâmica de acompanhamento dos resultados, confrontando com as metas e elaborando ações corretivas para as variações.

O processo de elaboração do orçamento e controle matricial é iniciado com a definição dos pacotes de gastos e receitas e, depois, relacionando-se todos os departamentos ou centros de custos da empresa que realizam atividades relacionadas aos pacotes. Após isso, é determinado um gestor para cada centro de custos ou responsabilidades e outro gestor para cada pacote de gastos e receitas. O gestor dos pacotes de gastos e receitas são funcionários especialistas na gestão desses tipos de gastos. Por exemplo, para o pacote de despesas de viagens pode ser um funcionário da área de logística que passa a responder por todas as despesas de viagens da organização. É importante destacar que podemos fazer uma matriz com as receitas para o gerenciamento matricial da receita.

Veja na figura 6 a ilustração da matriz dos centros de responsabilidades e seus respectivos pacotes de gastos representando a estrutura do gerenciamento matricial de despesas.

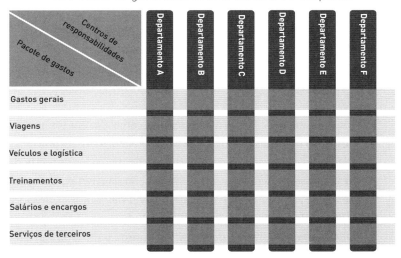

Figura 6
Estrutura do gerenciamento matricial de despesas

O CONTROLE ORÇAMENTÁRIO

Como podemos observar, os pacotes de gastos são de uma mesma natureza e vários centros de responsabilidades os utilizam no desempenho de suas atividades.

Objetivando tornar ainda mais exato o controle dos gastos, alguns centros de custos devem ser desmembrados para evidenciar melhor a fonte dos gastos. Por exemplo, o departamento financeiro pode ser subdividido em três centros de custos: tesouraria, controladoria e contabilidade.

Nesse modelo, há dois responsáveis pelo controle dos gastos: o responsável pelo centro de custos e o gerente do pacote de gastos. Segundo Sá (2007), cabe ao gerente de pacote:

- conhecer a natureza de cada classe de gastos sob sua responsabilidade;
- definir os parâmetros e os índices de desempenho dos gastos sob sua responsabilidade na elaboração do orçamento;
- negociar os índices com os gerentes dos centros de custos e preparar, junto com eles, planos de ação;
- atuar como facilitador durante a elaboração dos orçamentos dos centros de custos;
- divulgar, entre os diversos centros de custos da empresa, as melhores práticas internas com relação aos gastos do pacote;
- acompanhar os desvios e preparar, juntamente com o gerente do centro de custos, um relatório das variações com as propostas de ações corretivas;
- supervisionar os gerentes dos centros de custos para atingir as metas.

Levando em conta o que já vimos sobre o gerenciamento matricial de despesas, podemos dizer que é uma excelente ferramenta tanto de planejamento quanto de controle dos gastos do orçamento. Suas principais características são: controle cruzado das despesas e

ORÇAMENTO E CONTROLE

das receitas, um gestor de pacote de gastos e um gestor de centro de custos, dupla responsabilidade, difusão das melhores práticas dentro da empresa e dupla responsabilidade pelas metas.

Portanto, o gerenciamento matricial de despesas também se constitui uma grande ferramenta de controle do orçamento.

Neste capítulo, argumentamos que o gestor só pode gerenciar aquilo que se controla. E para haver controle é necessário criar medidas de desempenho que permitam analisar se os gastos estão se comportando da maneira correta.

Analisamos que os gastos variáveis e fixos devem ser controlados pelo orçamento flexível, mas, dada a complexidade dos gastos fixos, sugere-se trabalhar o gerenciamento matricial de despesas.

Conclusão

O orçamento, tema deste livro, não é um documento isolado, mas faz parte do processo orçamentário, que consiste em planejar, controlar, coordenar e, por meio da quantificação financeira dos recursos, provocar a motivação dos membros e respectivos setores de uma organização. Então, de forma sucinta, o orçamento é um plano que comunica a estratégia a todos os setores da organização. Estabelece um acordo entre os responsáveis desses setores e a direção da organização, segundo o qual, no próximo ano, certas atividades serão realizadas e, para tanto, serão despendidos valores monetários previamente acordados.

O orçamento é uma ferramenta gerencial fundamental e não deve ser adotado como um mecanismo de policiamento. É um sistema que direciona o comportamento dos gestores, pois estabelece um padrão de performance que avalia as atividades, resultados e ajuda a antecipar as ações corretivas de forma assertiva. Podemos afirmar que o processo orçamentário é a principal ferramenta, ou principal fonte de informação, que ajuda a premiar ou recompensar as pessoas que trabalham na organização.

Como vimos, após a elaboração do orçamento, durante a execução, devemos atuar no controle. Esse controle é realizado comparando a performance efetivamente obtida com a planejada e tem por finalidade a adoção de ações corretivas, de forma que se atinjam as metas que convergem para a estratégia planejada. A elaboração do orçamento e o controle são duas fases distintas, e importantes, que demandam uma participação coletiva no processo, o que é essencial para o comprometimento de todo o pessoal, motivando-o na busca pelo atingimento das metas planejadas. Se o processo do orçamento direciona recursos humanos e financeiros de forma a atingir metas congruentes, o controle é uma continuidade para garantir sua realização.

Não temos como voltar ao passado da empresa e promover mudanças frente ao cenário atual, mas temos como começar agora, frente ao que estimamos para o futuro, e realizar um novo final.

Por falta de conhecimento de seus gestores, algumas empresas acabam operando sem o uso da ferramenta orçamentária, expondo o empreendimento a diversos riscos. Mas esperamos que o leitor tenha percebido que o uso dessa ferramenta é demasiadamente importante para que a empresa possa mapear riscos, controlar as diversas variáveis que afetam o resultado, alocar os recursos de forma eficiente, alinhar as peças orçamentárias ao planejamento estratégico e avaliar o desempenho de todos os envolvidos.

Portanto, caso sua empresa já trabalhe com orçamento e controle, esperamos que este livro o tenha ajudado a entender melhor toda a dinâmica orçamentária. Entretanto, caso sua empresa ainda não trabalhe com essa importante ferramenta financeira, esperamos que este livro o motive a usá-lo como forma de implementar o orçamento e o controle na busca incessante pela melhoria de resultados.

Referências

ANTHONY, Robert N.; GOVINDARAJN, Vijay. *Sistema de controles gerenciais*. São Paulo: Atlas, 2001.

CHURCHILL, Gilbert A.; PETER, J. Paul. *Marketing*: criando valor para o cliente. São Paulo: Saraiva, 2000.

CUNHA, Cristiano J. C. A. *Planejamento e estratégia empresarial*. Florianópolis: EPS/UFSC, 2000.

FALCONI, Vicente. Em vez de cortar custos, corte desperdícios. *Exame*, ano 50, n. 21, p. 73, 9 nov. 2016.

FREZATTI, F. *Orçamento empresarial*: planejamento e controle gerencial. 3. ed. São Paulo: Atlas 2006.

HANS, Marcos. *Tudo é uma questão de atitude*: sonho e visão. Porto Alegre: AGE, 2011.

LUNKES, Rogério João. *Contribuição à melhoria do processo orçamentário empresarial*. Tese (doutorado em engenharia de produção) – Universidade Federal de Santa Catarina, Florianópolis, 2003.

_____. *Manual de orçamento*. 2. ed., 4. reimp. São Paulo: Atlas, 2010.

MAUTONE, Silvana. O tae kwon do da LG. *Exame*, v. 805, n. 23, p. 53, nov. 2003.

OLIVEIRA, D. P. R. de. *Planejamento estratégico*: conceitos, metodologia e práticas. 22. ed. São Paulo. Atlas, 2005.

OLIVEIRA, Luís Martins; PEREZ JÚNIOR, José Hernandez; SILVA, Carlos Alberto dos Santos. *Controladoria estratégica*. São Paulo: Atlas, 2002.

PADOVEZE, Clóvis Luís. *Controladoria estratégica e operacional*: conceitos, estrutura, aplicação. São Paulo: Pioneira Thomson Learning, 2005.

_____; TARANTO, Fernando Cesar. *Orçamento empresarial*: novos conceitos e técnicas. São Paulo: Pearson, 2009.

SÁ, Carlos A. *O gerenciamento matricial de despesas*. [S.l.]: [s.n.], 2007. Disponível em: <http://carlosalexandresa.com.br/artigos/O--Gerenciamento-Matricial-de-Despesas.pdf>. Acesso em: 20 ago. 2016.

_____. *Orçamento empresarial*. São Paulo: Atlas, 2014.

SANVICENTE, Antonio Zoratto; SANTOS, Celso da Costa. *Orçamento na administração de empresas*: planejamento e controle. São Paulo: Atlas. 2012.

SARDINHA, J. C. et al. *Orçamento e controle*. Rio de Janeiro: FGV, 2008.

STEINER, George A. *Strategic planning*: what every manager must know. Nova York: Free Press, 1997.

TOFFLER, Alvim. *Powershift*: as mudanças do poder. Rio de Janeiro: Record, 2003.

VIEIRA, Guilherme F. *Um estudo exploratório sobre as ferramentas de otimização econômica com foco no gerenciamento matricial de despesas*: conceituação e modelagem. Dissertação (mestrado em engenharia) – Universidade Federal do Rio Grande do Sul, Porto Alegre, 2011.

Apêndice
Exemplo de orçamento – empresa comercial

Este apêndice visa demonstrar ao leitor como a dinâmica das projeções de um orçamento impacta os diferentes relatórios contábeis. Para o exemplo do comércio, será trabalhado o fluxo orçamentário apresentado na figura 7.

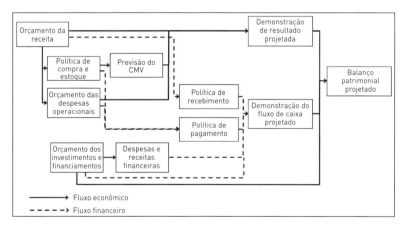

Figura 7
Fluxo orçamentário para comércio

A empresa Comercial JF Ltda. deseja fazer o orçamento trimestral de sua única loja. É política da empresa que a cada mês haja saldo mínimo e máximo de caixa de $ 8 mil. Qualquer excesso

ORÇAMENTO E CONTROLE

de caixa deve ser investido nas aplicações financeiras existentes e qualquer falta de caixa em relação ao saldo mínimo deve ser captada por meio de empréstimo. Remuneração do investimento: 1% a.m. do saldo no início do mês (deve compor o lucro para cálculo do IR). Taxa de juros compostos do empréstimo: 2% a.m. do saldo do mês anterior (deverá ser paga no final do trimestre).

Como as aplicações só podem ser resgatadas ao fim do trimestre, qualquer saldo que haja de empréstimos deve ser pago no final do trimestre pelo montante de aplicações financeiras.

O imposto de renda é de 20% do lucro. Os impostos do último trimestre deverão ser pagos no início do trimestre seguinte. O imposto sobre a receita bruta é de 10% e deverá ser pago no mês seguinte.

Na tabela 53 é feita a projeção das vendas em moeda local ($).

Tabela 53
Projeção das vendas ($)

Abril	Maio	Junho	Julho	Agosto	Setembro	Outubro	Novembro
300.000	200.000	200.000	180.000	350.000	200.000	200.000	100.000

Na tabela 54 é apresentado o balanço da empresa em 30 de junho.

Tabela 54
Balanço em 30 de junho

Caixa	8.000	Contas a pagar	45.000
Aplicações	200.000	Comissão a pagar	20.000
Contas a receber	200.000	Impostos a pagar	30.000
Estoques	70.000	Empréstimos	0
Instalações fixas	100.000	Capital próprio	458.000
(-) Depreciação acumulada	(25.000)	Reservas de lucro	53.000
Ativo total	**553.000**	**Passivo total**	**553.000**

APÊNDICE

Política de recebimento: 20% são recebidos à vista, 60% em 30 dias e 20% em 60 dias.

Os $ 200 mil de contas a receber do balanço de 30 de junho compreendem somente as contas das vendas a prazo de maio e junho, ou seja, 20% das vendas de maio ($ 40 mil) que serão recebidos em junho e 80% das vendas de junho ($ 160 mil) que serão recebidos em julho e agosto – não há devedores duvidosos.

Frente ao portfólio projetado de vendas, os custos das mercadorias vendidas correspondem a 60% da receita.

A política de estoques realizada pelo departamento de compra determina que os estoques finais de julho, agosto e setembro serão respectivamente, $ 90 mil, $ 150 mil e $ 100 mil.

A política de pagamentos prevê 30 dias de prazo – o valor de contas a pagar de julho refere-se aos 60% do valor das compras de junho de $ 75 mil.

Os impostos a pagar, no valor de $ 30 mil, referem-se ao imposto de $ 20 mil sobre a receita de junho, que será pago em julho, e ao imposto sobre o lucro de $ 10 mil, referente a 20% do lucro do trimestre anterior de $ 50 mil.

Projeção das despesas e seus pagamentos:

- despesas variáveis:
  - comissão de vendas: 10% da venda – paga no mês seguinte;
  - outras despesas operacionais: 4% da venda – pagas no mês em que ocorrem;

- despesas fixas:
  - aluguel, salários etc.: $ 20 mil por mês – pagos no início do mês;
  - depreciação das instalações: $ 2 mil por mês – não envolve saída de caixa.

ORÇAMENTO E CONTROLE

Deseja-se ainda fazer uma campanha de marketing, em agosto, a um custo de $ 10 mil, com pagamento no próprio mês de agosto. Caso ocorra lucro, este será transferido para reserva de lucros.

Com as premissas detalhadas anteriormente vamos preparar o orçamento do trimestre. Comecemos pelo orçamento da receita e dos recebimentos.

Orçamento da receita e dos recebimentos

Cabe lembrar que a política de recebimento é: 20% à vista, 60% em 30 dias e 20% em 60 dias. Assim, com relação à receita de julho, 20% serão recebidos em julho, 60% em agosto e 20% em setembro. Assim, podemos calcular na tabela 55 o recebimento da receita.

Tabela 55
Recebimento da receita ($)

	Vendas ocorridas (DRE)	Recebimento da receita (fluxo de caixa)						
		Maio	Junho	Julho	Agosto	Setembro	Outubro	Novembro
Abril	300.000	180.000	60.000					
Maio	200.000	40.000	120.000	40.000				
Junho	200.000		40.000	120.000	40.000			
Julho	180.000			36.000	108.000	36.000		
Agosto	350.000				70.000	210.000	70.000	
Setembro	200.000					40.000	120.000	40.000
Total vendido no trimestre	730.000	Total recebido no mês		196.000	218.000	286.000	Total a ser recebido no trimestre seguinte (células sombreadas em cinza acima): 230.000	
		Total recebido (no trimestre)		700.000				

Percebe-se que a receita do período foi de $ 730 mil, mas $ 700 mil foram efetivamente recebidos no trimestre. O total a ser recebido após esse trimestre corresponde a 20% das vendas de agosto (que serão recebidos em outubro) e 80% das vendas de setembro (que serão recebidos em outubro e novembro), perfazendo $ 230 mil.

APÊNDICE

Orçamento dos impostos sobre receita

Os impostos sobre a receita estão calculados na tabela 56, são de 10% e deverão ser pagos no mês seguinte.

Tabela 56
Impostos sobre receita

	Julho	Agosto	Setembro	Total
Ocorridos	18.000	35.000	20.000	73.000
Pagos	20.000	18.000	35.000	73.000

Os impostos pagos em julho ($ 20 mil) são referentes à receita de junho. Foi coincidência dar o mesmo valor total ocorrido (que afeta o DRE projetado) e o efetivamente pago (que afetará o fluxo de caixa projetado).

Orçamento dos custos das mercadorias vendidas, compras e pagamentos

Na tabela 57, apresentamos os cálculos dos custos das mercadorias vendidas, saldo de contas a pagar e os respectivos pagamentos. Cabe lembrar que o estoque final do mês anterior será o estoque inicial do mês subsequente, e que as compras deverão ser pagas no mês seguinte.

Os estoques finais dos meses foram definidos pelo departamento de compras. Já o CMV foi definido como 60% da receita. Com essas informações, mais o valor dos estoques iniciais, calcula-se quanto deverá ser comprado no período.

ORÇAMENTO E CONTROLE

Tabela 57
Custos das mercadorias vendidas, compras e pagamentos

	Junho	Julho	Agosto	Setembro		
Estoque final	70.000	90.000	150.000	100.000		
+ CMV		108.000	210.000	120.000	438.000	Total CMV
(-) Estoque inicial		70.000	90.000	150.000		
= Compras		128.000	270.000	70.000		
Contas a pagar	45.000	128.000	270.000	70.000		
Pagamento		45.000	128.000	270.000		

Orçamento das despesas e seus pagamentos

Projeção das despesas e seus pagamentos:

- despesas variáveis:
  - comissão de vendas: 10% da venda – paga no mês seguinte;
  - outras despesas operacionais: 4% da venda – pagas no mês em que ocorrem;

- despesas fixas:
  - aluguel, salários etc.: $ 20 mil por mês – pagos no início do mês;
  - depreciação das instalações: $ 2 mil por mês.

Deseja-se ainda fazer uma campanha de marketing, em agosto, a um custo de $ 10 mil, com pagamento à vista.

Com esses dados, apresentamos, na tabela 58, as despesas ocorridas no período, que serão utilizadas para apuração do DRE.

APÊNDICE

Tabela 58
Despesas ocorridas no período

Despesas ocorridas (DRE)	Julho	Agosto	Setembro	Total
Comissão	18.000	35.000	20.000	73.000
Outras	7.200	14.000	8.000	29.200
Marketing		10.000		10.000
Aluguel, salários etc.	20.000	20.000	20.000	60.000
Depreciação	2.000	2.000	2.000	6.000
Total	47.200	81.000	50.000	178.200

Agora apresentamos, na tabela 59, as despesas pagas que comporão o fluxo de caixa.

Tabela 59
Despesas pagas

Despesas pagas (fluxo de caixa)	Julho	Agosto	Setembro	Total
Comissão	20.000	18.000	35.000	73.000
Outras	7.200	14.000	8.000	29.200
Marketing	0	10.000		
Aluguel, salários etc.	20.000	20.000	20.000	60.000
Total	47.200	62.000	63.000	162.200

Percebe-se aqui a diferença entre o que influencia o resultado (despesas ocorridas) e o que afeta o fluxo de caixa (despesas pagas).

A depreciação é um registro econômico do uso dos ativos imobilizados ao longo do período – não afeta o caixa.

Na tabela 60, apresentaremos o fluxo de caixa do trimestre da Comercial JF Ltda.

O fluxo de caixa projetado analisará as decisões operacionais, de investimentos e de financiamentos, devendo sempre manter caixa mínimo de $ 8 mil.

ORÇAMENTO E CONTROLE

Tabela 60
Orçamento de caixa

	Julho	Agosto	Setembro
Caixa inicial	8.000	8.000	8.000
+ Entradas	196.000	218.000	286.000
= Subtotal (A)	204.000	226.000	294.000
Pagamentos (B)	122.200	208.000	368.000
Compras	45.000	128.000	270.000
Impostos sobre vendas	20.000	18.000	35.000
Impostos sobre lucro	10.000		
Despesas	47.200	62.000	63.000
Saldo caixa operacional (A – B)	81.800	18.000	–74.000
Decisão investimento			
Aquisição imobilizado			-30.000
Aplicações financeiras	73.800	10.000	
Decisão financiamento			112.000
Saldo final	8.000	8.000	8.000

Orçamento das aplicações financeiras e empréstimos

Como no fluxo de caixa foi tomado empréstimo, na tabela 61 é apresentado o cálculo dos juros no período.

Tabela 61
Empréstimos

Empréstimos	Julho	Agosto	Setembro		
Inicial	0	0	0		
+ Captação	0	0	112.000		
+ Juros	0	0	0	0	Total juros
(-) Pagamentos			–112.000		
= Total	0	0	0		

APÊNDICE

No final do trimestre, o valor do empréstimo contraído ($ 112.000) foi integralmente pago pelas aplicações financeiras disponíveis não gerando incidência de juros.

Como no balanço patrimonial a empresa possuía recursos aplicados, veja na tabela 62 os rendimentos das aplicações.

Tabela 62
Investimentos

Investimentos	Julho	Agosto	Setembro		
Inicial	200.000	275.800	288.558		
+ Aplicações	73.800	10.000			
+ Juros	2.000	2.758	2.886	**7.644**	Total remuneração
(-) Pagamentos			112.000		
= Total	275.800	288.558	179.444		

Remuneração do investimento: 1% a.m. do saldo do início do mês (deve compor o lucro para cálculo do IR). Ou seja, os juros de agosto incidem sobre o valor inicial de agosto.

Agora, com todos os cálculos anteriores, podemos apresentar, na tabela 63, o DRE do trimestre da Comercial JF Ltda.

Tabela 63
Demonstração de exercício projetada

Receita	730.000
(-) Impostos sobre vendas	73.000
= Receita líquida	657.000
(-) Custo das mercadorias vendidas	438.000
= Lucro bruto	219.000
(-) Despesas operacionais	178.200
+ Receitas financeiras	7.644
(-) Despesas financeiras	0
= Lucro operacional	48.444
(-) Impostos sobre lucros	9.689
= Lucro líquido	38.755

ORÇAMENTO E CONTROLE

Com o fim de facilitar o exemplo, estipulou-se que os impostos sobre lucro incidirão também sobre a receita financeira. Na prática, a receita financeira é dedutível da base do IR, uma vez que sobre ela já foi descontado o IR.

Em seguida é apresentada a tabela 64 com a projeção dos impostos sobre o lucro.

Tabela 64
Projeção de impostos sobre lucro

Impostos sobre lucro	Julho	Agosto	Setembro	Total
Ocorridos	0	0	9.689	9.689
Pagos	10.000	0	0	10.000

Por fim, na tabela 65, temos o balanço patrimonial da comercial JF Ltda.

Tabela 65
Balanço patrimonial projetado

Caixa	8.000	Contas a pagar	70.000
Aplicações	179.444	Comissão a pagar	20.000
Contas a receber	230.000	Impostos a pagar	29.689
Estoques	100.000	Empréstimos	0
Instalações fixas	130.000	Capital próprio	458.000
(-) Depreciação acumulada	(31.000)	Reservas de lucro	90.206
		Lucros acumulados	38.755
Ativo total	616.444	Passivo total	616.444

Assim, demonstramos toda a dinâmica das projeções do orçamento de uma empresa comercial, chegando até os demonstrativos financeiros projetados como apresentado neste livro.

Autores

Fabiano Simões Coelho
PhD em *business administration* pela Florida Chistian Univesity. Mestre em ciências contábeis pela Faculdade de Administração e Finanças da Universidade do Estado do Rio de Janeiro (FAF/Uerj). Pós-graduado em ciências contábeis pela Fundação Getulio Vargas (FGV). Graduado em ciências contábeis pela Uerj. Professor dos programas MBA da Fundação Getulio Vargas desde 1999 e coordenador do MBA em Gestão Financeira, MBA em Empreendedorismo e MBA do Setor Elétrico da FGV Management. Autor de trabalhos publicados em revistas especializadas no Brasil e no exterior. Palestrante e consultor de empresas nas áreas de: *pricing*, gestão de resultado, gestão de custos e planejamento estratégico. Autor dos livros: *Formação estratégica de precificação* e *Gestão de custos*.

Ronaldo Miranda Pontes
Doutor em administração pela Universidad Nacional de Misiones (Argentina). Mestre em engenharia de produção pela Universidade Federal de Santa Catarina (UFSC). Graduado em ciências contábeis pela Fundação Educacional Machado Sobrinho. Avaliador do Ministério da Educação (MEC/Inep) de projetos institucionais, cursos de graduação e EAD. Foi coordenador de planejamento e gestão do Instituto Metodista Granbery, membro do Comitê Gestor do

Plano de Desenvolvimento Estratégico da Universidade Metodista de Piracicaba (Unimep) e membro do conselho diretor do Hospital Samaritano de Campinas. Autor do livro *Gerenciamento de custos em projetos*. Possui trabalhos acadêmicos publicados em congressos nacional e internacional. Já atuou como docente na Universidade Federal de Juiz de Fora (UFJF). É professor convidado do FGV Management.